JN095068

これからの病院経営を担う人材

医療経営士テキスト

第2版

医療ICTシステム

ヘルスデータの戦略的活用と地域包括ケアの推進

中級【一般講座】

瀬戸僚馬 編著

4

日本医療企画

はじめに

　医療ICTシステムは、何のためにあるのか。

　この問いに対する答えは、実は百人百様である。臨床医、経営者、研究者、行政など、さまざまな立場でシステム導入の目的が変わってくる。

　国が電子媒体による診療録の保存を認め、電子カルテの普及に力を入れ始めた2000（平成12）年頃、電子カルテ導入の目的は多様を極めた。多くの病院は「医療の質の向上」「医療サービスの改善」などを掲げたが、なかには「職員の意識改革」「人件費の適正化」など特徴的な目的を打ち出した病院もあった。しかし、そこは経営判断であるから、何が正しく何が間違っているという議論はできない。客観的にいえることは、そのシステム導入が経営方針に沿っているかという1点だけだ。

　ここ20年ほどの間、わが国の医療は次の時代に向けてどう歩むべきかを悩み続けてきた。ICTシステムというのは、本質的に「手段」である。つまり、医療ICTシステムは、「情報通信技術（Information and Communication Technology）」を使って、医療の仕組み（System）を支えるものだ。技術や仕組みは何かを達成するためにあるのであって、自ら目的論を語り出すものではない。医療の方向性を模索している時期に、ICTシステムの態様が決まるようなことはあり得ない。だから、中小病院の電子カルテ導入率は極めて低かった。

　その意味では、2020（令和2）年は医療ICTシステムにとっても歴史的な年といえるだろう。新型コロナウイルス感染拡大を防ぐために、ICTを用いた生活が「日常」となり、そこで医療についてもICTの活用が前提となってきたからである。病院においても、ICTシステムを活用して循環型の医療や介護をどう回していくかが大きな経営課題になってくることは確実だ。このような社会環境の変化を踏まえ、本テキストの改訂を行った。

　あわせて書名も、「医療ITシステム」から「医療ICTシステム」へ、「診療情報」から「ヘルスデータ」へと、本テキストの守備範囲が広がったことを受けて見直し改題した。

　本テキストの特徴としては、高度急性期を担う大病院から、地域包括ケアシステムを担う医療機関までを幅広く対象とした点が挙げられる。これに伴い、ICTシステムの範囲も「病院情報システム」だけではなく、保健や福祉を視野に入れた。

　また、本テキストは医療ICTシステムやそこに蓄積される情報を管理する人材（医療情報技師や診療情報管理士など）に向けたものではなく、医療経営を担う人材を対象とした

ものである。このため、技術的な事項についてはできるだけ簡略化し、医療経営士が医療情報技師等と協働すべき論点に比重を置くようにした。

　このような趣旨から、執筆陣についても医療情報学の専門家はもとより、医療経営を実践している経営者や実務者を加え、多彩な顔ぶれとした。

　本テキストを通じて「ジョウホウ」という経営資源を有効活用するための視座が広がり、院内の議論が活性化する一助になれば幸いである。

瀬戸　僚馬

目　次
contents

はじめに ……………………………………………………………………………ii

第1章 病院情報システムの概要

1 病院情報システムの普及までの経緯………………………………… 2
2 電子カルテシステム ………………………………………………… 7
3 オーダエントリシステム…………………………………………… 14
4 医事会計システム ………………………………………………… 18
5 放射線部門システム ……………………………………………… 25

第2章 病院経営改善のためのICT活用

1 医療情報の一次利用と二次利用………………………………… 40
2 DPCと電子カルテ………………………………………………… 46
3 物流管理と電子カルテ …………………………………………… 52
4 クリニカルパスと電子カルテ …………………………………… 57
5 ITによる医療の質評価…………………………………………… 61

第3章 経営資源としてのICTマネジメント

1 病院情報システムの導入戦略・計画の策定 …………………… 70
2 医療ICT人材の活用 ……………………………………………… 75
3 情報セキュリティマネジメント ………………………………… 81
4 災害への備えと事業継続計画（BCP）………………………… 87
5 ICTシステムの評価 ……………………………………………… 92

第 **4** 章 医療ICTと保健・福祉の連携

1 保健・医療・福祉分野のICT戦略 ……………………………… 104

2 予防医療を支えるICTシステム ………………………………… 109

3 医療機能分化と地域医療連携情報システム …………………… 113

4 在宅医療・介護支援システム …………………………………… 118

5 PHR（Personal Health Record）の展開 …………………… 123

第 **5** 章 ICTが変えるこれからの病院経営

1 データを経営に活かす組織体制 ………………………………… 134

2 ビッグデータと病院経営 ………………………………………… 138

3 人材・財務マネジメントへのICT活用 ………………………… 142

4 医薬品マネジメントへのICT活用 ……………………………… 147

5 「新しい日常」と医療ICTシステム …………………………… 159

column ①厚生労働省標準規格 …………………………………………… 12
②保存データ容量の大きいRIS・PACSの導入と維持管理 …… 30
③医療情報専門家とのコラボレーション：
　　システム調達（医療情報技師・医用画像情報専門技師）… 32
④医療情報専門家とのコラボレーション：
　　二次利用（診療情報管理士・医療情報技師）…………… 79
⑤ユニファイド・コミュニケーション ……………………… 145
⑥ビジネスインテリジェンスを用いた地域戦略 ………… 157

第1章

病院情報システムの概要

1 病院情報システムの普及までの経緯
2 電子カルテシステム
3 オーダエントリシステム
4 医事会計システム
5 放射線部門システム

病院情報システムの普及までの経緯

1 医事会計システムの誕生から、電子カルテ普及までの経緯

わが国における医療情報システムの普及は、医事会計システムから始まったといわれている（図1-1）。1960年代に医事会計システムが登場し、1970年代には検査部門システムが使われるようになった。もっとも、この時点では医師の指示は手書きであるため、それを医事課の事務職員や臨床検査技師が当該システムに手入力するという運用であった。

1980年代に入ると、オーダエントリシステムが用いられるようになった。これにより検査伝票を各部門に運ぶ必要がなくなり、検査結果をシステム経由で参照できるようになるなど、医師と各部門が双方向で通信できるようになった。しかし、この時点においても診療録や看護記録などは手書きで記載されていた。この頃から診療録をワードプロセッサー等の機器で入力することは認められていたが、その場合も、最終的には印刷して紙媒体を保管することが医療法の要件と解されていた。

電子カルテが登場したのは、1990年代に入ってからである。1999（平成11）年4月に厚生省（現・厚生労働省）が「真正性の確保」「見読性の確保」「保存性の確保」（電子保存の3基準[原則]）を満たすことを条件に、電子媒体による診療録等の保存を認める通知を発出した。医師法第24条および歯科医師法第23条では医師、歯科医師が診療録を記載することと、病院の管理者がそれを5年間保管することを義務づけている。電子化された診療録は、それ自体を肉眼で見ることが不可能であり（肉眼で見えるのは電子カルテに書かれた「情報」である）、そのため電子保存が医師法（歯科医師法）上の保管義務を満たしたことになるのかについて法的立場が定義されていなかった。このことから、同通知が発出されるまで電子媒体は「紙に記載された診療録等のコピー」に過ぎず、原本になり得なかったのである。

つまり、わが国における電子カルテシステムの歴史は、まだ十数年に満たないのである。これに対し医事会計システムは半世紀の歴史を持っている。このため「医事会計システムとの連動を軸に設計された後発のシステムは、臨床的な視点が必ずしも強くない」という指摘もみられる。

例えば、診療報酬上では膀胱留置カテーテルの「設置」に対しては処置料が設定されているが、「維持管理」や「抜去」では処置料を算定できない。このため、処置オーダのマスタに

第1段階

・用語・コード等の標準化
・病院の部門間の連携（組織化）

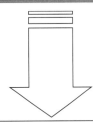
医療施設の情報化

> 医療施設における情報化は、医療用語やコード等の標準化を図るとともに、施設内の各部門が連携し、1つの組織として一体となって情報化を推進する必要がある。

第2段階

・情報セキュリティの確保
・個人情報の保護対策
　　　（ガイドライン作成）
・地域医療連携体制の確立

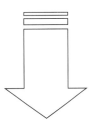
医療施設のネットワーク化

> 細心の注意を払うべき個人の医療情報を、ネットワークを介して扱う際には、厳重なセキュリティ対策が必要である。また、医療施設は地域での役割を自覚し、他の施設との地域連携体制を確立しなければならない。

第3段階

・医療情報の整備・収集
・診療情報の研究や保健行政に利用するための
　ルール作りや国民の合意の形成

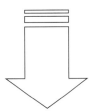
医療情報の有効活用

> 情報化によって収集・整備された医療情報を臨床研究等に活用することは国民の健康や医学の進歩に寄与するものであるが、その際、個人情報保護への十分な配慮が不可欠である。

第4段階

・診療ガイドライン整備
・EBMデータベースによる情報提供・利用

根拠に基づく医療の支援

> 「根拠に基づく医療」を臨床の現場で実践するためには、最新の科学的知見を収集・整備した診療ガイドラインの整備やそれらを医療従事者や患者がインターネット等で迅速に参照・活用できるような体制の整備が必要。

出典：厚生労働省保健医療情報システム検討会
「保健医療分野の情報化にむけてのグランドデザイン（最終提言）」を一部改編

図1-1　医療情報システムの発展段階

もこれらの項目がない場合が多い※1。しかし、臨床指標として尿路感染症の発生率を計算する際には、こうしたデータも必要である。

　かつては「会計処理を円滑化する」という1点であった病院情報システムの導入目的が、今日的には医療連携やデータの二次利用、ひいてはAIなどを視野に入れたLearning Health System（LHS）など極めて複雑化している。そのため、各医療機関において「なぜ病院情報システムが必要か」という点を明確にし、これを共有することが重要になっている。

2　電子カルテ普及の経緯にみる医療IT化の目的

　1999年に診療録等の電子保存が認められたとはいえ、ただちに電子カルテシステムを導入する病院は決して多くなかった。ほとんどの病院にとって、そのメリットがわかりにくかったことに起因する。

　電子カルテの普及が政策的に推進されるようになったのは、2001（平成13）年になってからである。同年、政府の経済財政諮問会議は「今後の経済財政運営及び経済社会の構造改革に関する基本方針（骨太の方針）」を策定し、これが閣議決定された。そのなかには「医療サービスのIT化の促進、電子カルテ、電子レセプトの推進により、医療機関運営コストの削減を推進する」という一文が明記された。これにより、電子カルテの導入目的が「医療機関の運営コストの削減」であるという行政的位置づけが明確になったのである。

　ところで、電子カルテを導入すると、なぜ医療機関の運営コストを削減できるのか。その理由は「骨太の方針」には記されていない。また、医療において「質」を犠牲にすることは社会的に許容されにくい。したがって、ここでの「コストの削減」とは、質を維持しつつ、電子化によって効率化を図り、無駄なコストを減らしていくという意味に他ならない。

　このことは、同じく2001年に政府のIT戦略本部が公表した「e-Japan重点計画」でも共通する。同計画では、医療ITシステムの導入は「多様で質の高い医療サービスの提供や効率化を行うため」と謳っている。しかしながら「多様」と「効率化」は相反する面もあるので、もう少し具体的な戦略が必要になってくる。

　そこで、厚生労働省では保健医療情報システム検討会（座長：開原成允・一般財団法人医療情報システム開発センター［MEDIS-DC］理事長）を設置し、同年中に「保健医療分野の情報化にむけてのグランドデザイン」を取りまとめた。

　そこでは、電子カルテシステムを「2006（平成18）年度までに全国の400床以上の病院、及び全診療所の6割以上に普及」という目標を掲げ、その前提となるセキュリティや標準化などを同時に進めていくこととした。実際にはこの目標は期限までに達成できず、現在

※1　瀬戸僚馬：長期入院患者におけるカテーテル交換間隔の推計，日本医療マネジメント学会雑誌 2011；12（suppl2）：359-359.

も「全診療所の6割以上」については達成できていない。

　それでも、同グランドデザインは、今でも意義のある政策文書である。それは、前述の「質」と「効率化」について、軸となる考え方を示しているからである。

　すなわち、電子カルテシステムをはじめとする医療ICTシステムによって達成すべき最終段階を、「根拠に基づく医療の支援」と定義し、これによって「質」と「効率化」を両立させると明記したのである。さらに、これを担保するために次のような具体的施策を打っている。

　1つは、「クリティカルパスを相互に共有、利用するシステム開発」の一環として、一般財団法人医療情報システム開発センターと特定非営利活動（NPO）法人日本医療マネジメント学会が共同運営している「クリティカルパス・ライブラリー」である。もう1つは、診療ガイドラインを医療従事者と患者が参照できるようにした公益財団法人日本医療機能評価機構が運営する「Minds医療情報サービス」である。いずれもただちに電子カルテシステムを構成する要素ではないが、電子化とは不可分の関係にあるツールだ。

　結局、医療IT化によって「質」と「効率化」を両立するには、前述のツールなどを活用して標準的な医療を推進し、その結果として在院日数の短縮や薬剤費の適正化をもたらすことが必要である。そのためには、要素技術の開発だけでは目標を達成できないため、医療そのものの標準化をこの政策パッケージのなかで進めていった。

　さて、同グランドデザインは2006年度末をもって失効した。その後、同種のガイドラインや、その上位文書にあたる政策文書が数多く出されている。もちろん、方法論については新たな技術とともに少しずつ変わっているが、IT化によって目指そうとした方向性は20年経った現在も不変である。

3　診療報酬明細書（レセプト）の電子化

　電子カルテとともに電子化が推進されてきたのは、診療報酬明細書（レセプト）である。わが国の病院情報システムが医事会計システムから始まったにもかかわらず、医療機関から審査支払機関（社会保険診療報酬支払基金、国民健康保険団体連合会）へのレセプト提出は、長年にわたり紙媒体に頼っていた。審査支払機関側でも支払いのためには最終的にシステムへ登録する必要があり、二重入力という時間および費用的なロスが生じていたのである。

　これを電子化しようとするのは、当然の流れである。したがって、2001年のグランドデザインでも、2006年度までに医療機関から提出されるレセプトの7割を電子化するという目標を掲げていたが、こちらも目標を大幅に下回る結果となっている（図1-2）。

　他方、同じ時期にIT化が始まった韓国では、2003（平成15）年時点で電子レセプトの普及はすでに終盤に近づいていた。これには支払いまでの期間を半分以下に短縮したことや、

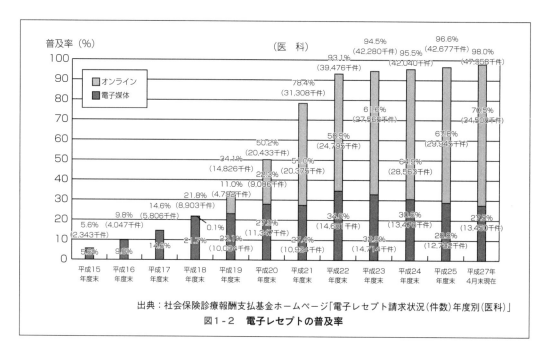

出典：社会保険診療報酬支払基金ホームページ「電子レセプト請求状況（件数）年度別（医科）」

図1-2　電子レセプトの普及率

電子点数表の構造を工夫したことなど複数の要因があるといわれている[※2]。

　わが国では、2006年の厚生労働省令改正により、2011（平成23）年になってようやく電子レセプトによる請求が義務化され、さまざまな理由による猶予期間も2015（平成27）年4月に終了した。しかし、今なお普及率は100％に至っていない。これは、65歳以上の医師のみの病院や診療所では、今後も紙のレセプトを提出することが認められているからである。なお、ここで義務とされている「電子レセプト」とは、必ずしも通信回線を用いたオンライン請求である必要はない。つまり、CD-ROM等の電子媒体による請求も認められており、現在でもオンライン請求は7割にとどまっている。

　なお、レセプトを電子化する目的は、効率化だけではない。2008（平成20）年に施行された高齢者の医療の確保に関する法律（高齢者医療確保法）第16条では、厚生労働大臣は「医療費適正化計画の作成等のための調査及び分析等」を行うことを定め、同条第2項では、保険者に対し「調査及び分析に必要な情報」の提供を義務づけている。すなわち、レセプトデータは調査目的でも使われるということである。厚生労働省が政策立案に活かすことはもちろん、2011（平成13）年からは科学研究費による研究プロジェクトなど限定的ではあるが、一般の学術研究にも開放されるようになった。

　医事会計システムが導入されてから半世紀を経て、ようやく電子化の本領を発揮し始めたというところである。今後のさらなる活用が期待される。

※2　西山孝之 他：点数表の簡素化による電子レセプト普及策, 医療情報学 2004；24（1）：215-222.

② 電子カルテシステム

1 病院情報システムの全体像

■（1）病院情報システムの定義

　病院において診断、治療、リハビリテーション、ケア等を行うための業務支援システムを総称して、「病院情報システム（HIS：Hospital Information System）」という。ここには、電子カルテシステムも含まれている。

　より広い概念としては、「医療情報システム」という呼称もある。その守備範囲については必ずしも明確な定義があるわけではないが、少なくとも診療所を含み、在宅医療などもその範疇と考えられている。さらに広い概念としては、「健康情報システム（Health Information System）」という表現も可能ではあるが、ここでは健康診断や福祉まで幅広く捉えることになるだろう。本テキストのテーマである「医療ICTシステム」は、幅を広げればかなり広範なものになってくる。

　他方、「健康情報＞医療情報＞病院情報」という関係のなかでは、守備範囲が広くなるほど厳密な定義は難しくなってくる。そこで、本テキストでは主に病院情報システムについて述べ、その範囲を超える部分については、第4章に集約して解説する。

■（2）基幹システムと部門システム

　病院情報システムは、大きく分けると「基幹システム」と「部門システム」の2種類で構成されている。基幹システムとは、主に全職員に関係するシステムであり、具体的には電子カルテシステムやオーダエントリシステムが該当する。部門システムとは、特定の職種や部門において利用されるシステムであり、「栄養部門システム」のように部署名をそのまま冠したものが多い。

　一応、部門システムに属してはいるが、基幹システムに準じた扱いをするものに「医事会計システム」がある。これは、患者番号を付与したり、患者氏名や生年月日などの患者基本情報を登録するというデータ処理の「始点」を担っていると同時に、受診後に各部門システムから検査などを実施した情報を受け取り、それをもとに会計処理を行うというデータ処理の「終点」をも担っているという特殊性からである。すなわち、多くの部門システム

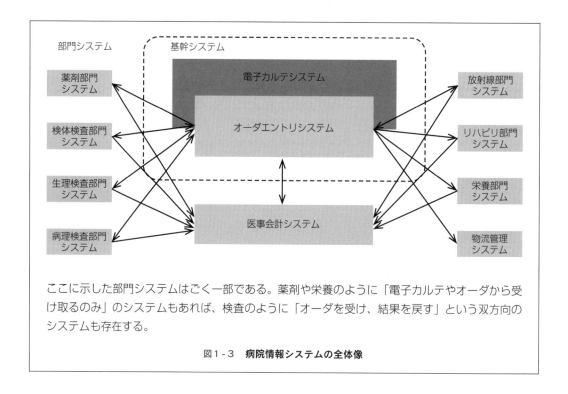

ここに示した部門システムはごく一部である。薬剤や栄養のように「電子カルテやオーダから受け取るのみ」のシステムもあれば、検査のように「オーダを受け、結果を戻す」という双方向のシステムも存在する。

図1-3　病院情報システムの全体像

では、その連携相手が電子カルテシステム（またはオーダエントリシステム）に限定されるのに対し、医事会計システムは各部門システムと直接連携するという特徴を持っている（図1-3）。

　実務においては、各部門での診療実績が適切な形で医事会計システムに伝わっていないために、算定漏れや未実施行為を誤って算定する等のミスもしばしば生じることがある。ネットワークの障害などですべての画像検査の実施情報が医事課に届かないような場合はすぐに事態を把握できるが、新たな検査項目の設定ミスで当該項目だけ算定できていないような場合はシステムが正常稼働しているため発見されにくい。外来ではこうした不備が収入に直結するので、外来収入が不自然なときは、システム間の連携に問題がないか注意してみることが有用である。

2　電子カルテとは何か

■（1）電子カルテと電子カルテシステムの違い

　まず、電子カルテと電子カルテシステムの違いについて概説する。

　電子カルテとは、電子媒体として保管されている診療録そのものをさす。診療録とは、医師法第24条および歯科医師法第23条によって医師、歯科医師に記載が義務づけられて

いる診療録はもちろん、医療法に基づく「診療に関する諸記録」等も含めた記録類の総称である。これに対し、電子カルテシステムとは、上記の電子カルテを管理するための情報システムをさす。

同じことをいっているように見えるが、両者には明確な違いがある。例えば、医師法第24条では診療録を5年間保管することを義務づけており、これは電子カルテでも同じである。しかし、ここで保管しなければならないのはあくまで「診療録そのもの」であって、システムではない。例えば、電子カルテを乗り換えたときに従前のシステムを維持する必要はないが、そのデータは次のシステムに引き継がなければならない。そうでなければ、医師法上の保管義務を満たせなくなるからである。このように、電子カルテを用いる際には、紙媒体のカルテとは異なる技術上の課題が生じてくる。

(2)「電子保存の3基準（原則）」の遵守

厚生労働省では、病院が電子カルテシステムを運用するにあたり、3つの技術的な要件を課している。この要件のことを、「電子保存の3基準（原則）」と呼び、要件を満たさないシステムで診療情報を保管しても、それは電子カルテとしては認められない（表1-1）。したがって、要件を満たさないシステムを運用している病院は、医師法に基づく診療録等の保管義務を怠った違法な状態になってしまうのである。

ただし、電子カルテシステムを運用する病院が、必ずしもすべての情報を電子化しなければならないわけではない。例えば、外来や入院の一般的な経過記録は電子化するが、手術記録や救急外来における診療録だけは手書き記録を残すといった運用は可能である。もちろん、一般的な経過記録や、医師から薬剤部門、検査部門、放射線部門など主な部門への指示が電子化されていなければ、それを電子カルテシステムと呼ぶことは無理があろう。しかし、すべての部門で用いる情報種、ならびにすべての部門間の情報伝達を電子化する、すなわち完全に「ペーパーレス化」することは容易ではない。

このため、一般社団法人日本医療情報学会（JAMI）が2003（平成15）年に公表した「電子カルテの定義に関する日本医療情報学会の見解」においても、「通常の電子カルテ（Bottom-

表1-1　電子保存の3基準（原則）

真正性の確保	正当な権限において作成された記録に対し、虚偽入力、書き換え、消去及び混同が防止されており、かつ、第三者から見て作成の責任の所在が明確であること
見読性の確保	電子媒体に保存された内容を、権限保有者からの「診療」、「患者への説明」、「監査」、「訴訟」等の要求に応じて、それぞれの目的に対し支障のない応答時間やスループットと操作方法で、肉眼で見読可能な状態にできること
保存性の確保	記録された情報が法令等で定められた期間に渡って真正性を保ち、見読可能にできる状態で保存されること

出典：厚生労働省「医療情報システムの安全管理に関するガイドライン 第5版」より抜粋

表1-2 電子カルテの定義（日本医療情報学会）

通常のもの（最低限の機能要件）	ペーパーレス電子カルテ
①すべての業種目はカバーしなくても、多くの業種についてオーダ通信システムおよびオーダ結果参照システムが稼動し、それぞれの業種についての診療録情報の基本となっていること。 ②診療録を構成するすべての情報種はカバーしないが、多くの情報種について同時に多個所で、迅速に、充分に古いものも参照できること。また、それらの情報は様々な軸（時系列、特定の科のもの、特定の診療部門のもの、パスウェイ形式など）で展開参照することが可能であること。 ③これらデータの将来機種更新後の新システムへの移行を考え、また、不特定の他医療施設との情報連携のためにも、出来る限りHL7、DICOMなどの標準的なデータ形式およびコードを使用していること。さらに、紙やフィルムなどの従来媒体の情報と電子化情報の関連性が損なわないようにすること。 ④画面を直接参照して、あるいは画面を利用して、患者への情報提供が紙によるものより格段に改善していること。 ⑤プライバシー保護が確保される運用であること。また紙やフィルムなどの従来媒体による原本保存を行わない情報種に関しては、電子保存の3条件（真正性の確保、見読性の確保、保存性の確保）を満足する運用であること。	①すべての業種目についてオーダ通信システムおよびオーダ結果参照システムが稼動し、それぞれの業種についての診療録情報の基本となっていること。 ②診療録を構成するすべての情報種が電子的に扱われ、同時に多個所で、迅速に、充分に古いものも参照できること。また、それらの情報は様々な軸（時系列、特定の科のもの、特定の診療部門のもの、パスウェイ形式など）で展開参照することが可能であること。 ③左（通常のもの）の③、④、⑤を満たすこと。

出典：日本医療情報学会「電子カルテの定義に関する日本医療情報学会の見解」

line)とペーパーレス電子カルテの中間に様々な電子化達成度の電子カルテが存在しうる」と述べられており、電子カルテの態様は必ずしも一様でないことが示されている（表1-2）。

3 電子カルテのメリット

電子カルテシステムを導入することで、仮に紙の診療録よりも「記録としての品質」が低下するのであれば、わざわざ電子カルテに切り替える意義は乏しいといわざるを得ない。したがって、電子カルテシステムを導入する際は「電子保存の3基準（原則）」という外形上の要件だけではなく、質的要件についても留意すべきである。

診療録の質的な要件については、日本診療情報管理学会（JHIM）が2007（平成19）年に公表し、2011（平成23）年に改訂した「診療情報記載指針」で詳述されている。これは紙のカルテにも共通するものではあるが、二次利用の視点が強調されているなど、明らかに電子カルテを意識したものになっている（表1-3）。

表1-3　今後の診療情報記録の基本的考え方と視点（日本診療情報管理学会）

（1）適正な医療を実施し説明責任を果たしていることを示すという視点	患者に十分説明して同意・納得を得たうえで、根拠に基づいた適正な医療を実施していることを記録として残すことで、患者の権利を尊重して安心・安全な医療を実現することが可能となるという観点から記録する。
（2）患者の個人情報であるという視点	患者からの開示請求に堪えられる記録とするとともに、厳重に保護されるべき個人情報としてその守秘とセキュリティを徹底し、診療以外に情報を利用するに当たっては患者の同意が必要であることに十分留意する。
（3）チーム医療のために共有される記録・情報であるという視点	多職種による組織的な医療を実現するために、他の職種・部門から参照され、その記録内容が理解されるように留意するとともに、円滑かつ効率的に業務が実施できるように記録することに努める。
（4）医療の質的水準と安全性、および効率性を評価し、その向上を図るために活用するという視点	各種のアウトカム指標やプロセス評価手順、あるいは予期しない出来事や再入院、さらには診断群分類別在院日数や転退院に伴う困難要因等の分析ができるように、法令や規則、あるいは病院の定める方針やルールに基づいた記録を行う。
（5）臨床医学研究と教育・研修に役立てるという視点	記録された診療情報を用いて臨床医学研究を行う場合は、倫理委員会の審議を経て患者の同意の下で実施されることが必要である。教育・研修に供せられる場合も、患者の同意を得るとともに、個人情報の保護に十分に配慮する。

出典：日本診療情報管理学会ホームページ「診療情報の記録指針（2017年3月）」

　紙のカルテはあくまでその患者やケアのために用いるという一次利用を優先した媒体であるから、質の評価や教育・研究などの二次利用には限界があった。一方、電子カルテの場合、複数人のデータを同時に処理することが可能になるので、二次利用が格段に行いやすくなった。その意味では、二次利用を行わなければ、電子カルテのメリットを十分に活かせているとはいいがたい。こうした視点は病院情報システムの導入時にも認識しつつ、導入後の評価の際に改めて振り返ることが重要である。

column ①　厚生労働省標準規格

　電子カルテなどの医療情報システムを構築する際には、用語とコードを定義するためのマスタファイルを作成する必要がある。このマスタを病院独自で作成すると、システム更新時にベンダーの乗り換えができなくなったり、他施設との相互運用性にも支障が出てくる。データの内容だけでなく、システム間でデータを交換する際の規約についても同様のことがいえる。

　そこで、関係学会・団体等で構成される医療情報標準化推進協議会（HELICS協議会）では、各団体が開発した規格を審査したうえで「医療情報推進化指針」として提言する活動を行っている。これをもとに、厚生労働省では当該規格を「保健医療分野の標準規格（厚生労働省標準規格）」として認める手順になっている。

　厚生労働省標準規格とは、「現在のところ、医療機関等に対し、その実装を強制するものではないが、標準化推進の意義を十分考慮することを求めるもの」とされている。また、「今後厚生労働省において実装する各種施策や補助事業等については、厚生労働省標準規格の実装を踏まえたものとする」ことも明示されている。

　わが国の病院情報システムは、まだまだ標準化の必要性が浸透していない面が否めない。政策動向を踏まえて、これらの規格の採用を院内で働きかけていくことも、経営に携わる者の役割の1つとなるだろう。

厚生労働省標準規格（2020年6月20日現在で採択されているもの）

申請受付番号	提案規格名	提案団体名	厚生労働省標準規格認定
HS001	医薬品 HOT コードマスター	（一財）医療情報システム開発センター	2010/03/31
HS005	ICD10 対応標準病名マスター	（一財）医療情報システム開発センター	2010/03/31
HS007	患者診療情報提供書及び電子診療データ提供書（患者への情報提供）	日本 HL 7 協会	2010/03/31
HS008	診療情報提供書（電子紹介状）	日本 HL 7 協会	2010/03/31
HS009	IHE 統合プロファイル「可搬型医用画像」およびその運用指針	（一社）日本医療情報学会	2010/03/31
HS011	医療におけるデジタル画像と通信（DICOM）	（一社）日本画像医療システム工業会	2010/03/31

HS012	JAHIS 臨床検査データ交換規約	（一社）保健医療福祉情報システム工業会	2010/03/31
HS013	標準歯科病名マスター	（一財）医療情報システム開発センター	2011/12/21
HS014	臨床検査マスター	（一財）医療情報システム開発センター	2011/12/21
HS016	JAHIS 放射線データ交換規約	（一社）保健医療福祉情報システム工業会	2011/12/21
HS017	HIS, RIS, PACS, モダリティ間予約，会計，照射録情報連携指針（JJ1017 指針）	（公社）日本放射線技術学会	2012/32/23
HS022	JAHIS 処方データ交換規約	（一社）保健医療福祉情報システム工業会	2016/3/28
HS024	看護実践用語標準マスター	（一財）医療情報システム開発センター	2016/3/28
HS026	SS-MIX 2 ストレージ仕様書および構築ガイドライン	（一社）日本医療情報学会	2016/3/28
HS027	処方・注射オーダ標準用法規格	（一社）日本医療情報学会	2018/5/21
HS028	ISO 22077-1:2015 保健医療情報－医用波形フォーマット－パート1：符号化規則	（一財）医療情報システム開発センター	2010/3/31
HS029	患者状態アウトカム用語集ベーシックアウトカムマスター	日本クリニカルパス学会（日本医療情報学会推薦）	－
HS030	データ入力用書式取得・提出に関する仕様（RFD）	（一社）日本 IHE 協会	2019/10/16
HS031	地域医療連携における情報連携基盤技術仕様	（一社）日本 IHE 協会	2016/3/28
HS032	HL 7 CDA に基づく退院時サマリー規約	日本 HL 7 協会	2019/10/16
HS033	標準歯式コード仕様	（一財）医療情報システム開発センター	2019/10/16
HS034	口腔診査情報標準コード仕様	（公社）日本歯科医師会（（一財）医療情報システム開発センター推薦）	－
HS035	医療放射線被ばく管理統合プロファイル	（一社）日本 IHE 協会	－

出典：医療情報標準化推進協議会ホームページ「『医療情報標準化指針』一覧」

③ オーダエントリシステム

1 オーダエントリシステムとは何か

　オーダエントリシステムとは、その名の通り、依頼（指示）情報を、依頼（指示）者から、それを実行する人に対して伝達するためのシステムである。医療以外の分野でも、例えば飲食店でホール担当が受けた注文を厨房に伝えるなどの目的で、同システムが活用されている。ただし、医療では多くの場面で依頼（指示）者が医師、歯科医師になるため、実務上は、医師、歯科医師の指示を薬剤師、看護師、臨床検査技師、診療放射線技師、理学療法士、管理栄養士などに伝達するためのシステムと理解されている。実際、英文ではCPOE（Physician Order Entry System）と称されている。

　基幹システムの導入状況を段階別に整理すると、①電子カルテシステムを導入、②オーダエントリシステムを導入しているが、診療録は手書き、③診療録も医師の指示伝達も手書き——と３段階に分けることができる。

　原理としては、電子カルテシステムは診療録を電子化するものであり、オーダエントリシステムは指示伝達を電子化するものであるため、その電子化は独立して進めることが可能なはずである。しかしながら、「④診療録は電子化されているが、指示伝達は手書き」といった状態では電子化する意味がほとんどない。そのため現実に存在する形態は上記①〜③のいずれかとなる。

　つまり、病院における電子カルテシステムは、オーダエントリシステムの機能を包含しているのが一般的である[3]。一般社団法人保健医療福祉情報システム工業会（JAHIS）の調査によると、2013（平成25）年時点における電子カルテ導入率は38.3%、オーダエントリシステム[4]が45.3%とある（図1-4）。これは、電子カルテを導入した病院が4割弱、オーダエントリシステムのみを導入してカルテは手書きの病院も1割弱ということである。

---

[3]　ただし、診療所の電子カルテシステムでは、オーダエントリの機能を持たないものもみられる。診療所の場合は院外処方や外注検査などで指示を実行する場所が外部になり、放射線検査なども医師自ら実施するため、院内で指示を伝達する場面が限られているためである。

[4]　オーダエントリシステムには「オーダリングシステム」という呼称もあるが、これは和製英語である。また特定商品の商標でもあったため、日本医療情報学会の刊行物では英語表記に準じて「オーダエントリシステム」で統一されている。ただ、実務上は「オーダリングシステム」という名称もよく用いられ、行政文書にも用いられている。

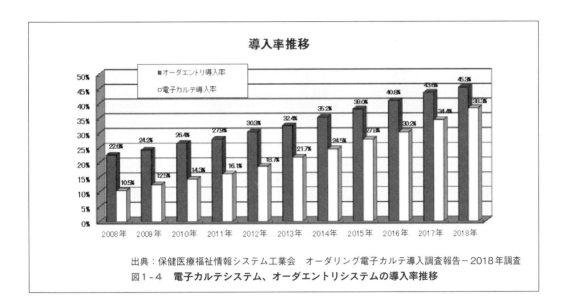

出典：保健医療福祉情報システム工業会　オーダリング電子カルテ導入調査報告－2018年調査
図1-4　電子カルテシステム、オーダエントリシステムの導入率推移

2　オーダの種類

　オーダエントリシステムで発行するオーダの種類(オーダ種)は、そのオーダを受け取る部門システムごとに分けられている。主なオーダの種類を**表1-4**に例示する。このように、同じ「オーダ」といえども、オーダ種によって情報の粒度(どの程度細かい情報か)やオーダ発行後の流れが著しく異なることがわかる。

　例えば、検体検査オーダについては、生化学検査のうちの「何の項目を調べたいのか」まで詳細なオーダが必要であり、検査後には、その結果をオーダエントリシステム(あるいは、これを包含する電子カルテシステム)にフィードバックすることが必要となる。これを手作業で行うのは極めて非効率であるから、病院規模にかかわらず、電子化する必要性が高くなる。

　他方、給食オーダやリハビリテーションオーダについては、医師が伝達するのは「エネルギー量や主食の形態」といった粒度の荒い情報であり、具体的な献立などは管理栄養士の判断で決定される。また、このような部門で発生した情報をオーダエントリシステムに戻す臨床的な意味もほとんどない。つまり、こうした場面では、オーダエントリシステムを用いる必要性は相対的に低くなる。

　前述の保健医療福祉情報システム工業会による調査結果によると、300床未満でオーダエントリシステムを導入している病院は、まだ半数に満たないようだ。これらの病院がいずれシステムを導入する際も、最初からすべてのオーダ種を網羅することを目指す必然性はそれほど高くない。むしろ、優先順位を踏まえて段階的にシステムを実装していくほうが現実的といえるだろう。

表1-4 主なオーダ種の例

オーダ種	主な機能	部門システムからのフィードバック
処方オーダ	外来処方せんを発行する。または薬剤部門システムに、オーダを伝える。	なし
注射オーダ	薬剤部門システムにオーダを伝えるとともに、実施情報を記録する。	なし
検体検査オーダ 生理検査オーダ	検査部門システムおよび検査機器にオーダを伝え、実施情報を記録するとともに、検査結果を受け取り記録する。	あり（生理検査の一部はPACSに保存）
画像検査オーダ	放射線部門システムおよび撮影装置（モダリティ）にオーダを伝えるとともに、検査結果を受け取り記録する。	あり（PACSに保存）
処置オーダ	その処置と紐づけされた器具・材料を物流管理システムに伝えるとともに、実施情報を記録する。	なし
手術オーダ	手術部門システムにオーダを伝えるとともに、その手術と紐づけされた器具・材料を物流管理システムに伝える。	なし
リハビリテーションオーダ	リハビリ部門システムにオーダを伝える。	なし
給食オーダ	栄養部門システムにオーダを伝える。	なし
移動オーダ	医事会計システムに入退院などの移動情報を伝える。	なし
指導等オーダ	医事会計システムに算定対象となる指導等の様々な行為実施情報を伝える。	なし

3 オーダエントリシステムと医療安全

　一般にオーダエントリシステムの導入意義は、効率性と正確性の2つに大別できる。もっとも医療分野では、正確性を少し広げ「安全性」ということが多い。オーダエントリシステムを用いることで効率性が向上するのは当然だが、これによって安全性を低下させることは病院の社会的責任として許容されない。むしろ、システムの導入によって安全性の向上を図ることが求められる。

　ただ、現実的にはシステムの導入によって医療安全が促進される側面と、逆にリスクを増やす側面の双方がある。安全が推進される要素としては、手書きから印字に変えることで薬品名や容量、単位などの誤読を防ぐことや、極量のチェック機能を用いることで過剰投与を防止することなどがある。他方、薬品の選択時に誤ってまったく薬効の異なるものを選んでしまい、重大な状況を招いた例も存在する（表1-5）。

　このような事例が相次いだため、「人は誰でも間違える（To err is human.）」という前提に立って、間違いを想定したシステム仕様に改修していくことが強く求められるように

表1-5　オーダエントリシステムの操作に関連して重大な状況を招いた事例

〈何がどのような経緯で起こったか〉
・本態性振戦の診断に対して、β遮断薬のアルマール錠＜塩酸アロチノロール＞を処方するところを、誤って経口血糖降下剤のアマリール錠＜グリメピリド＞を処方してしまった。
・調剤薬局では、患者にインタビューすることなく、そのままアマリール錠が投薬された（初めての来局であった）。
・患者は、その夜と翌朝に1錠ずつ同剤を服用し、低血糖により意識ははっきりしなくなり、病院に緊急入院した。

〈なぜ起こったか〉
・アルマール錠とアマリール錠はともに頭文字が「ア」である。1文字入力で薬名を検索したため、処方薬を誤って選択してしまった可能性がある。
・両医薬品は、語感がよく類似しており、「ア・マ・ール」から構成されている（アルマール＝「ア○マール」、アマリール＝「アマ○ール」）。このため、アルマール錠をアマリール錠と思いこんで処方入力してしまった可能性も考えられる。
・糖尿病治療薬が処方されているにもかかわらず、調剤薬局における薬歴のチェック、患者インタビュー、医師への疑義照会が十分でなかった。
・院内の薬剤科では外来処方の院外発行時に事前に処方内容をチェックしていなかった。

出典：日本医師会「医療従事者のための医療安全対策マニュアル（Web版）」

なった。このため「薬品名検索では3文字以上の入力を必須とする」「ハイリスク薬はオーダ発行前に注意喚起する」等の仕様が提唱され、これによって間違いが減少することも実証されたため[5]、現在では多くのシステムで同様の安全対策が講じられるようになった。

　他方、この警鐘事例では薬剤部門の処方監査が不十分であったという側面も指摘されている。このように、オーダエントリシステムに関連するインシデント事例や事故には、単にシステムの仕様だけではなく、業務プロセスなどの運用面も関連していることが多い。

　実際、システム調達においては安全面を理由にあらゆる機能を実装しようとしても、費用面から実現できることには限りがある。このような場面で、どこまでをシステム仕様で担保して、どこからを運用で補うのかはかなり難しい判断である。

　医療経営士としては、病院情報システムとしての技術的難易度、医療安全上のリスク、そのシステムを利用する医師や看護師等の業務負荷、そしてコストパフォーマンス等を整理したうえで、経営判断を支えることが求められるだろう。

※5　渡部恵：処方オーダリングシステムにおける入力ミスの防止法とその評価, 薬剤雑誌 2002；122（10）：841-847.

医事会計システム

1 医事会計システムの主な機能

　まずは医事会計システムを適用する医事業務について簡単に解説する。医事業務には日次で行う「日常業務」と月次で行う「請求業務」があり、日常業務には「受付」「計算」「会計」「カルテ管理」がある。さらに、請求業務には主として「診療情報明細書（レセプト）作成」がある。

　医事会計システムとは、先に説明した医事業務をサポートするためのシステムである。具体的には各種業務のうち、日次で行う日常業務の「受付」「計算」「会計」と月次で行う「請求業務」をサポートする。カルテ管理業務は医事会計システムではサポートされない。カルテ管理業務は別システムでの管理となるか、もしくは電子カルテシステムが導入されている場合は電子カルテシステムでほぼ自動化される。

　医事会計システムはベンダー（業者）によって有する機能や仕組み・構成などは異なるが、主に「患者基本情報の登録」「受付」「会計計算」「レセプト作成」「DPC提出用データ作成」「収入金（債権）管理」の6つの機能を有する。

（1）患者基本情報の登録

　患者のカルテ作成の業務をサポートする機能である。受診申込書および患者が持参した保険証に基づいて患者氏名、生年月日、性別、住所、連絡先などの患者基本情報を登録する。登録後、診察券が磁気またはICカードの場合は診察券発行機で診察券を発行する。

　オーダエントリシステムもしくは電子カルテシステムが導入されている場合は、ここで登録された患者基本情報が伝送され、診療業務で利用される。

（2）受付

　患者の来院受付をサポートする機能である。患者が持参した診察券に基づいて予約や保険証の有効期限の確認、患者来院の伝達を行う。

　電子カルテシステムが導入されている場合は、患者が来院した旨のフラグが立ち、診察室をはじめとする診療スタッフに患者が来院していることが伝わるようになっている。オーダエントリシステムまで導入されている場合は、患者来院を把握した事務スタッフが診察室までカルテを搬送する。

図1-5　自動再来受付機

　なお、受付については、自動保険証確認機や自動再来受付機が導入されている医療機関もある。自動保険証確認機は、初診受付票や保険証をOCR（Optical Character Recognition：光化学文字読取装置）で読み取り、患者基本情報や保険証情報を自動的に入力する。これにより事務スタッフの入力の手間および保険証確認のためだけに患者が窓口に並ぶ手間を省くことができ、患者待ち時間削減に寄与する。また、保険証情報の入力ミスを減らすことができることからレセプト返戻の削減効果も期待できる。自動再来受付機は患者の操作により受付事務スタッフの一連の受付操作の全部または一部を自動的に行うものである（図1-5）。

▌（3）会計計算

①外来会計

　外来会計の場合は、当日の診療終了後、その日に行われた診療行為を集計し、会計計算および収納を行う。オーダエントリシステムや電子カルテシステムが導入されている場合は、医師が入力したオーダ情報や看護師・各検査部門が入力した実施情報が医事会計システムに送信される。会計事務スタッフは送られてきたオーダ情報や実施情報とカルテの記載内容を確認して会計計算を行い、計算終了後、会計窓口にて患者から診療費の支払いを受け、領収書や診療明細書を発行する。

　なお、患者の診療費の支払いおよび領収書や診療明細書の発行は、自動精算機の導入により窓口で事務スタッフを介することなく、患者の操作だけで自動的に行われている場合

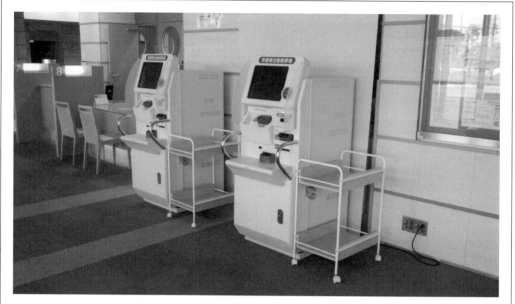

図1-6 自動精算機

もある（図1-6）。また、クレジットカード払い、デビットカード払いに対応できる自動精算機が登場してきており、未収金の削減に貢献するものと期待される。

②入院会計

入院会計の場合は、随時実施された診療行為を集計し、退院時もしくは月の締日で会計計算および収納を行う。

オーダエントリシステムや電子カルテシステムが導入されている場合は、医師が入力したオーダ情報や看護師・各検査部門が入力した実施情報が医事会計システムに送信される。会計事務スタッフは送られてきたオーダ情報や実施情報とカルテの記載内容を確認して会計計算を行い、退院時は退院窓口にて、入院中は病棟内にて患者から診療費の支払いを受け、領収書や診療明細書を発行する。

③会計計算の実際

オーダエントリシステムや電子カルテシステムと医事会計システムが連携・接続されるようになったことで、オーダ情報や実施情報が医事会計システムに送信されるようになり、事務職員が各種伝票やカルテ等から手入力する手間や入力間違い、それに伴う算定誤りをある程度防ぐことができるようになった。

しかし、会計計算業務が効率化されたものの、その業務が完全に自動化されたわけではない。手術や検査の一部においては診療行為の概念と医事請求上の概念とが必ずしも一致

しないことがあるからだ。

　また、オーダの根拠となる病名が入力されていなかったり、保険請求上不適切な病名が付けられていたために提出したレセプトが返戻・査定されることもある。そのため、事務スタッフによる詳細な医事会計知識に基づいた医事会計情報の確認・修正作業は欠かせない。

　なお、最近では、電子カルテシステムの機能として、あるいは電子カルテシステムに連動する形で処方オーダを出す際に、その処方に必要な病名をその場で医師に強制的に入力させるシステムが登場してきている。このシステムの普及によりオーダの根拠となる病名の入力漏れは将来的に減ってくるものと期待される。

■ (4) 診療情報明細書(レセプト)作成

　診療報酬請求額のうち、患者の自己負担分を除いた分については月末に集計してレセプトを作成し、次月の上旬に各審査支払機関に提出する。

　レセプトの作成は、日々入力処理された医事会計情報に基づき医事会計システムにより自動的に作成される。このため、電子カルテの導入によって会計事務が効率化されたといわれている。しかし、会計計算の実際のところでも述べたように、レセプト提出前の事務スタッフによるレセプト内容の点検・修正作業は手作業による時代と変わることなく必要な業務である。実際には、月初めに仮レセプトを印刷して事務スタッフによるチェックを行い、必要に応じて医師に確認をとりながら傷病名の記載漏れ等を中心に修正作業を院内で進める。

　レセプトの総括が終了したら審査支払機関(社会保険診療報酬支払基金、国民健康保険団体連合会)にレセプトを提出するが、レセプト審査業務の効率化のためにオンライン提出が義務化されている。レセプトをオンライン提出するためには診療行為コード、傷病名コード、医薬品コードをレセプト用の標準コードであるレセプト電算処理システムマスタのコードで表記して提出する必要がある。そのため、医事会計システム内でシステム独自の医事マスタとレセプト電算処理システムマスタの紐付けを行い、自動的に変換して提出用データの作成を行う。

　すなわち、オーダからレセプトのオンライン提出用データが生成されるまでには、次のようなコードの変換過程を経ることになる。まず、医師により入力されたオーダ情報や看護師・各検査部門が入力した実施情報は電子カルテシステムやオーダエントリシステムのマスタに紐付け登録されている医事コードに変換される。そして、レセプト作成時(オンライン提出用データ作成時)に医事コードのマスタに紐付け登録されているレセ電算コードに変換されて、オンライン提出用データが作成される(図1-7)。

図1-7　医事コードマスタの変換

（5）DPC提出用データの作成

　DPC対象病院、DPC準備病院、入院基本料の一部である「データ提出加算」を算定している医療機関は、DPC提出用データを作成する必要がある。

　DPCの場合は出来高と異なり、最も医療費を投入した病名などの診療内容等に関する情報が必要となる。そのため診療情報管理士と医師が連携して副傷病名や手術等の登録確認作業を行い、請求処理を進める。

　DPC請求で必要となる情報は、オーダエントリシステムや電子カルテ上で行い、それらの情報が医事会計システムに送信される。医事会計システムでDPC請求用のレセプトを作成するほか、様式1、EFファイル等のDPCデータ作成を行う。

　なお、医事会計システムで作成されるDPCデータはあくまでも様式1、EFファイルまでで、提出用データは医事会計システムでは作成されない。提出用データはDPC調査事務局から提供される形式チェック用ソフトにてエラーチェック・データ作成を行う。

　具体的には、医事会計システムで作成された様式1、EFファイル、およびExcelファイル形式の様式3などのDPCデータを形式チェック用ソフトに取り込み、形式チェック用ソフト上でデータ形式などに誤りがないかどうかなどの確認処理が行われる。誤りがない場合は、形式チェック用ソフトがDPCデータ提出用のデータを自動的に生成する。この生成されたDPCデータ提出用のデータを定められた方法にて提出する。

▎(6)収入金(債権)管理

　診療費の支払いは本来、外来であれば診療日当日、入院であれば退院時もしくは月の締日で行われるべきものであるが、患者の都合により後日払いとなる場合や分割払いとなる場合、あるいは滞納される場合がある。これらを管理するのが収入金(債権)管理である。

　収入金(債権)管理では、請求該当期間、入院・外来区分、診療科、適用保険、請求金額・未集金額、支払・督促状況を登録・管理し、この情報に基づいて事務スタッフは電話や訪問・手紙による支払いの督促など債権の回収を進める。

2 　統計・集計機能

　医事会計システムのなかには機能の1つとして、統計・集計機能を有しているものもある。日報や月報という形で患者数や売上金額、売上単価、入院患者の平均在院日数などの各種統計値を表形式でまとめるものである。検査数や薬剤・医療材料の使用量を医事データをベースにして出すこともできる。

　なお、ベンダーによっては医事会計システムではなく、電子カルテシステムに統計・集計機能を持たせたり、これらの機能をDWH(Data WareHouse)システムとして独立させているものもある。

3 　診療報酬改定・法改正に伴う対応

　診療報酬点数表は2年に1度大幅に改定される。その際は医事会計システムも改定内容に沿って適切に改修されなければならない。

　点数改定に必要となる対応は大きく分けて2つある。1つは各種マスタの修正、もう1つはプログラムの修正である。

　各種マスタの修正については、厚生労働省より提示される改定内容を確認し、マスタの追加・削除、既存マスタの修正を行う。これは主に各医療機関で事務職員等の担当者が行わなければならない。

　プログラムの修正については、医事会計システムのベンダーが行う。ただし、点数改定の内容が提示されてから施行されるまでの期間は、ほとんどの場合1か月程度と極めて短く、ベンダー側も極めて厳しい納期のもとで作業を進めることとなる。したがって、バグ(不具合)の発生率が通常の改修の場合よりも高くなる傾向にあるため、対応をベンダーに任せきりにするのではなく、点数改定施行前に各医療機関で事務職員等の担当者による事前の動作確認作業を可能な限り行うことが重要である。

　また、各自治体ごとに定められている公費などへの対応については、ベンダー側で自主

的にその内容を把握して対応することは難しく、医療機関側からベンダーに詳細な情報提供を行い、対応を依頼する必要がある。

　医療事務はこのように2年に1度の診療報酬改定や法改正など、特に会計業務や請求業務の対応変更が必要となるケースが多い。医事会計システムの導入・更新の際には中長期的な視点に立ち、これらの変更に業務量・費用の両面において柔軟に対応可能なシステムを選定することが重要である。

　また、ベンダー側の仕様認識誤りやシステムの不具合は正しい会計が行えないばかりでなく、不正なレセプトを発行する原因にもなり、最悪の場合には大幅な返戻となる可能性もあるため、プログラムを修正する際には医療機関・ベンダーの綿密なコミュニケーションが極めて重要である。

❺ 放射線部門システム

1 放射線部門システムの発展

　放射線部門システムの構成要素の１つとして、放射線情報システム（RIS：Radiology Information System）がある。RISは導入され始めた1980年代頃は、医事会計システムに対してデータを転送するレセプト補助システム的な要素が大きかったが、現在は、放射線部門システムの中心に位置し、病院情報システム（HIS：Hospital Information System）と検査機器、治療機器等を結ぶマネジメントシステムの性格を有している。

　一方、医用画像情報は1980年代後半に、エックス線写真から直接デジタル画像（CR：Computed Radiography）としてデータを取得できる撮影装置の出現により、電子化が始まった。当時から画像保存通信システム（PACS：Picture Archiving and Communication System）という概念はあったものの、その運用は、検査機器ごとにメーカー独自の電子保存を行っており、一部の限られた装置でのみ閲覧可能なものであった。そのためフィルム運用も同時に継続していた。

　しかし、1993（平成５）年に医用画像の標準規格であるDICOM（Digital Imaging and Communication in Medicine）が承認され、医用画像の通信・情報管理における国際標準規格が誕生したことにより、検査機器メーカーに依存することなく医用画像情報の連携が可能となり、また、2000（平成12）年以降IT技術の急速な発展に伴うネットワーク通信の高速化により、現在のPACSへと進化してきた。つまり、医用画像情報の取り扱いは、IT技術とDICOM規格[6]の進化とともに発展してきたといえる。

　また、医用画像情報の取り扱いの法的整備の面では、1994（平成６）年４月に厚生労働省より「エックス線写真等の光磁気ディスク等への保存について」が通知されたが、その後、デジタル検査機器（CT・MR等）の出現により廃止され、1999（平成11）年４月に「診療録等の電子媒体による保存について」[7]の通知に改変されている。それにより、医療機関の自己責任において電子保存を行う場合、PACS管理に求められる要件に、電子保存の３基準（原則［真正性の確保、見読性の確保、保存性の確保］）が適応されることとなっている[8]。

※6　日本画像医療システム工業会ホームページ「DICOMの世界」
※7　厚生労働省「診療録等の電子媒体による保存について」
※8　医療情報システム開発センター「法令に保存義務が規定されている診療録及び診療諸記録の電子媒体による保存に関するガイドライン」

　近年、医用画像は利活用の重要度を増しており、その閲覧者は、医師、診療放射線技師以外に、看護師、臨床検査技師、理学療法士など多職種にわたり、医療系専門事務員が検査や治療の実施内容を医用画像から判断する利用方法も珍しくない。また管理対象も、放射線画像のみならず、超音波、内視鏡、病理、眼底、心電図等の各種画像に加え、デジタルカメラ画像やスキャナ取り込み画像など拡大傾向にある。そのため、用途と機能を特化した、放射線静止画像PACS、循環器動画PACS、内視鏡PACS、病理専用PACSなど複数台のPACSを連携して運用するケースもみられる。

　また、フィルム運用時には、放射線画像診断読影レポートシステム（Reporting System of Diagnostic Radiology）を単独で運用する病院が多くみられたが、業務の効率が悪いことや、患者と検査画像の選択ミスなどのリスクが無視できなかった。

　そのため近年では、PACS・RISと連動して読影診断レポート記入一覧より患者を選択することで、検査情報、画像情報を表示させるなど医療安全と業務効率の向上を実現する仕様が出現している。PACS導入によるフィルムレス運用の普及に伴い、放射線診断専門医が質の高いレポートを迅速に提供できるように、レポートシステムも序々に進化している。

2　放射線部門システムの概要

■（1）全体構成

　放射線部門システムとは、主に放射線を利用した撮影・検査・治療を施行するために、各診療科の依頼情報を受け取り、依頼の実施により発生する診療に必要な医療情報・医用画像情報を管理運用するシステムの総称である。

　主な構成要素は、PACS・RIS・放射線画像診断読影レポートシステムの3つであり、上流層であるHISと下流層である放射線検査機器（CR、CT、MR等）を接続することで、相互に情報通信を行っている。通信方法の標準規格としては、HIS－RIS－PACS間で放射線データ交換規約（HL 7：Health Level Seven）[9]と検査機器－PACS間で医用画像のDICOM通信が用いられている。

■（2）主な構成要素

①PACS

　PACSの主な役割・機能は、HIS・RIS・放射線画像診断読影レポートシステムと相互に連携することで検査機器から受信した画像データを保管、管理し、閲覧できるようにする

※9　日本HL7協会ホームページ「HL7とは」

システムである。導入のメリットとして次の５つを挙げることができる。

（ⅰ）DICOM形式のデジタル画像保存にてフィルムレス環境を実現し、フィルム管理のコスト・スペース・マンパワーの削減ができる

（ⅱ）デジタル保存であることから画像劣化を防止できる

（ⅲ）閲覧時の画像検索が迅速であり、同時に２か所以上での画像参照ができる

（ⅳ）参照時に画像処理を行うことができる

（ⅴ）画像データをデジタルでPACS保存することで保険点数が算定できる

　　デメリットは施設規模や導入方法によって差はあるものの費用が高いことである。

②RIS

　RISの役割・機能は、次の４つに大別される[10]。

（ⅰ）HISからの依頼関連情報の受信

（ⅱ）HISへの検査・治療実施関連情報の送信

（ⅲ）検査機器への患者属性関連情報の送信

（ⅳ）マネジメント（管理）関連業務

　また、放射線部門内であっても、業務内容の違いから、検査主体の放射線診断RISと治療主体の放射線治療RISに区別した構築もみられる。

　診療を目的とする一次利用での導入メリットは当然のこととして、統計分析やリスク・人的・経営戦略的マネジメント等の二次利用面での導入メリットが期待できる。例えば、放射線による医療被曝に対する国民的不安解消のための患者個別検査の被曝線量を管理する機能などが挙げられる。デメリットは導入費用が高いことである。

③放射線画像診断読影レポートシステム

　HIS・RISからの実施済み検査情報を取得して、各種検査に対応して読影レポートの作成を支援する機能と、記載された読影レポートを医療施設内に配信する機能を兼ね備えたシステムである。ワープロ入力機能に加え、音声入力機能、定型文やテンプレート、登録文書選択、過去所見コピー入力機能等により、効率的に所見・診断入力を行うことが可能となっている。

　また、読影レポートを記載するためには、読影用モニタ（画像表示装置）が必須となる。その定義は存在しないが、胸部エックス線写真や乳房エックス線写真等の読影診断をする場合は、一般的モニタの性能では画像情報のすべてを表現できないことから、マトリックスサイズ、最高輝度、濃度階調において優れた性能を持つ高精細モニタを整備する必要がある。

※10　日本放射線技術学会監修『放射線システム情報学―医用画像情報の基礎と応用―』（オーム社、2010年）

導入のメリットとして、読影レポートをデータベース（DB）化することで、主に次の3つを挙げることができる。

（ⅰ）過去レポートの検索や参照が容易になる

（ⅱ）院内配信を行うことができるため、医療施設のどの端末からでも閲覧可能になる

（ⅲ）全文検索や語句での検索により症例検討や集計などの二次利用が可能になる

　ただし、すべての検査種（放射線・内視鏡・エコーなど）を1つのレポートシステムで共通利用して効率的に業務を行うことは困難なため、検査種ごとに数種類のレポートシステムを導入することで導入費用が高くなることと、高精細モニタの導入費用も高額になることがデメリットである。

3　各構成要素間の接続とワーク・データフロー

（1）医療情報のワーク・データフロー

　医療情報のワーク・データフローを図1-8に沿って解説すると、次のような流れになる。

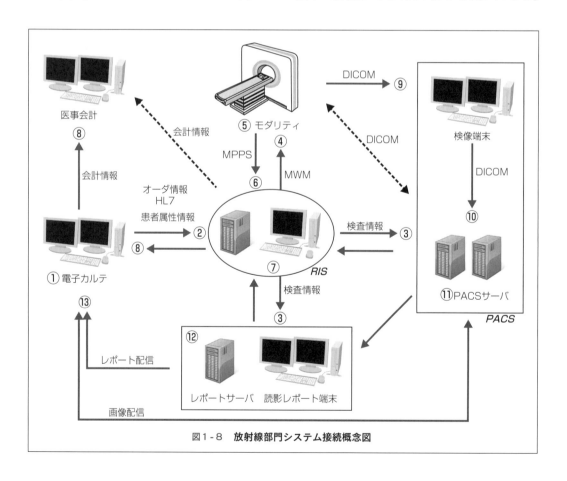

図1-8　放射線部門システム接続概念図

①各診療科の医師がHISのオーダエントリシステムを利用して依頼検査を発行する

②依頼検査情報と患者属性情報がRISに登録される

③RISからPACS・レポートのデータベースに依頼検査情報と患者属性情報が登録される

④RISの依頼検査一覧にて施行する検査情報を確認する

⑤RISより検査・治療機器等に患者属性情報を送信(DICOM－MWM：Modality Worklist Management)して依頼検査を開始する

⑥検査・治療機器等から撮影条件などの実績情報をRISへ送信(DICOM－MPPS：Modality Performed Procedure Step)する

⑦検査終了後は、RISにて使用薬剤・物品等を入力して依頼検査を実施する

⑧RISにて依頼検査を実施後、HISの電子カルテシステムおよび医事会計システムに情報が送信される

(2)画像情報のワーク・データフロー

同じように、画像情報のワーク・データフローを図1-8に沿って解説すると、次のような流れになる。

⑨RISより検査機器が患者属性情報を取得し、検査を実施することにより、患者属性を付帯した画像情報が発生する

⑩各種検査機器より画像情報を検像(QA：Quality Assurance)装置に転送し、診断に供する画像であることを1枚ずつ確認し、検像(確認)したうえでPACSへ確定(格納)するため送信する[11]

⑪検像装置より画像情報をPACSへ送信して保管する

⑫PACS保管された画像情報を参照し、放射線診断専門医によりレポートが作成される。作成後のレポートは、レポート保管サーバに保存される

⑬放射線部門システムの一連業務が終了した段階で、すべての情報はRIS・HISの電子カルテにて閲覧可能となる

---

[11] 日本放射線技術学会「画像情報の確定に関するガイドライン(第2.1版)」

column ②	保存データ容量の大きい RIS・PACSの導入と維持管理

　放射線部門システムの導入は、各種専門性が高い検査・治療装置が多く存在すること、データ容量が大きいことなどの理由から、病院情報システム全体の導入コストと比較して、約30%前後の費用を要するといわれている。例えば、医療機関で扱う保存データ容量は、放射線部門システムが最も大きく、近年ではPACS容量が100TB（テラバイト）を超える医療機関も珍しくはない。また、大規模医療機関のネットワーク接続対象となる機器は、300〜500種類になる。そのため経営効率の観点から、費用対効果を考慮してシステムの導入企画・構築・運用を行うことが重要である。

　放射線部門システム構築のなかで最も普及しているのは、フィルムレス運用である。フィルムレス運用を行うためには、すべての検査機器等がデジタル出力に対応することが必須であるが、PACS導入の検討が重要となる。PACSの導入は、容量を決めるところから始まるが、PACSハードの保守契約は基本5〜7年であるため、5〜7年間に検査機器から発生する画像容量の経時的な変動を考慮した容量計算が必要である。漠然とした不安から大容量のPACS容量を確保すると、5〜7年後に多くの容量を使用しない状態で更新となってしまい、過剰投資となるため注意したい。また病診連携等で可搬型媒体（CD・DVD）にて画像情報連携を行い、他院画像を自施設に取り込む運用をする場合は、そのための容量確保とガイドラインに準拠した運用が必要であろう[1]。また、近年では、PACS容量の増大、災害対策などを勘案して、外部保存やクラウドサービスを利用するケースも現れている。

　次の特徴として、情報機器、検査機器との接続がある。病院情報システムの連携が、アプリケーション同士の連携であるのに対し、放射線部門システムの連携は、PACS・RISともに検査機器とDICOM接続を行う必要があるが、検査機器固有の接続となるためDICOM接続ライセンスを購入する必要がある。

　例えば、検査機器が、RISから検査情報、患者属性情報を取得するためには、DICOM−MWM接続が必要で、逆に検査機器からRISに実施情報を送る場合には、DICOM−MPPS接続が必要となる。どちらも数十〜百万円前後の接続料が発生する。また、PACSと検査機器が画像の送受信を行う場合にもDICOM−Storage、DICOM−Query/Retrieveなど高額な接続ライセンスが必要となるため、検査機器の数に依存するが、通常、放射線部門全体でPACSと検査機器間で100接続ライセンス以上が必要となる。高額な接続費用を抑えるためには、検査機器ごとに放射線業務フローを熟知した医療者が十分に検討し、無駄な接続形態を発生させないことが重要である。

※1　日本医療情報学会「患者に渡す医用画像CDについての合意事項について」改訂版

　RISは、放射線部門内の情報全体を統括するシステムであり、非常に高額なシステムであるため、構築する場合、放射線部門スタッフが他部門とも協力して総力を挙げて取り組まなければならない。RISをただ単に検査の会計システムとして使用するのであれば、導入の意味はさほどないだろう。RISは、放射線部門システムとして絶対的に必要不可欠なものではなく、医療機関の規模により導入の是非が分かれ、モダリティ（名種検査装置）の種類が限られるおおむね300床以下では導入しない施設も多く見られる。導入しない医療機関では、RIS機能を限定的にHIS側に持たせて構築する。

　大規模医療機関では検査機器、検査数も多いことから、RISの導入は業務効率面から必要不可欠となるが、マスタ作成の際に二次利用を含めた構築を行うために検査ごとの専門的設計が必要となり、現場スタッフにとって大きな負担となる。そうしたなかで、2012（平成24）年に放射線領域の標準的マスタとして、「HS017 HIS、RIS、PACS、モダリティ間予約、会計、照射録情報連携指針（JJ1017指針）」[2~3]が「保健医療情報分野の標準規格（厚生労働省標準規格、P.12参照）」に認定され、JJ1017指針を採用する医療機関も徐々にみられている。

　放射線画像診断読影レポートシステムの構築は、放射線診断専門医が読影診断効率を考慮して検討する課題であるが、放射線画像、循環器画像、内視鏡画像、超音波画像など専門性に応じたフォーマットやテンプレートも多種多様であるため、放射線部門以外の診療科とも調整が必要である。また、読影診断に用いる画像出力装置（高精細モニタ）は、読影診断を行う用途に応じた導入が必要となるが、1台当たり数百万円といった高額な備品である。しかも、導入すればそのまま使い続けることができるものではなく、経年劣化による輝度補正のため、1年間に1~2回程度の品質管理[4]が必要となり、付属して品質管理ツールも必要となる。

　さらに、医療機関では、画像情報を専門的に閲覧するのは放射線部門のみではない。手術室にて手術施行中に大画面で手術支援画像の確認、各診療科での3D画像の作成、その他各診療科専門分野での画像解析など多岐にわたり、放射線部門の介入する調達備品の検討すべき範囲は、医療機関内で十分な調整が必要となる。

　現在、放射線部門は、DICOM画像を扱う専門部門として放射線画像のみならず、院内の医用画像情報についてもマネジメントすべき部門ではあるが、すべて業務フローを把握したうえで、放射線部門システムとHIS、検査機器のデータフローを確立することは、たやすいことではない。そこで、日本IHE協会より提案されている標準化ツールとして、システム連携の統合プロファイルの使用も考慮すべきである[5]。

※2　日本放射線技術学会「JJ1017 Ver3.4（2020）」
※3　厚生労働省「医療分野の情報化の推進について」
※4　日本画像医療システム工業会「医用画像表示用モニタの品質管理に関するガイドライン」
※5　日本IHE協会ホームページ「放射線領域の統合プロファイル」

医療情報専門家とのコラボレーション： システム調達（医療情報技師・医用画像情報専門技師）

　放射線部門システムには、多くの標準化やガイドラインが存在するが、HIS・RIS・PACS・検査・治療装置や専門的なワークステーション・解析装置・品質管理装置など多くの機器の構築から運用、また発生する医療情報・画像情報についての一次・二次利用に向けての利活用をマネジメントできるスペシャリストが必要となる。

　そうした業務を行うには、自らがその医療機関の業務内容を熟知する必要があり、また医療情報・医用画像情報に精通していることが条件であり、安易にアウトソーシングに頼ることができないことを肝に銘じておくべきである。

　また、医療機関の経営を考慮する場合、HISを含めた部門システムの導入は、1度で終わることはなく、経時的に再構築（リプレイス）が行われ、全体最適化と部分最適化を繰り返すライフサイクルから医療情報システム全体の質を向上させて行くべきである。したがって、システム導入時のイニシャルコストとランニングコストを常に考える必要がある[1]。そのためには、医用画像情報領域すべてを対象とした仕様の企

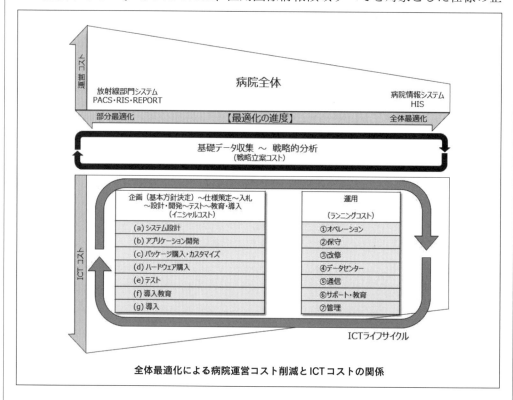

全体最適化による病院運営コスト削減とICTコストの関係

※1　守本京平、津久間秀彦：HISランニングコスト削減に対して医療情報技師は貢献できるか（総特集 HISのランニングコスト低減策を探る）--（削減のための具体的取り組みと効果）、月刊新医療 2014-11；41（11）：44-48、エム・イー振興協会：1975-

画立案・構築・運営を行い、医療情報と医用画像情報の利活用のさまざまな場面で、医療の質向上と効率化に向けたマネジメントを遂行できる、医療機関の中心的人材の育成と活用が求められる。近年、医療機関で活躍している医療情報技師[2]、医用画像情報専門技師[3]の認定者は、その一助になるであろう。

　放射線部門システムを調達する際には、投資規模の大きさに鑑み、医療経営士としてもこれらの専門的人材との密な連携が望まれる。

※2　日本医療情報学会医療情報技師育成部会ホームページ
※3　日本医用画像情報専門技師共同認定育成機構ホームページ

医療情報システムにおいて「正当な権限において作成された記録に対し、虚偽入力、書き換え、消去及び混同が防止されており、かつ、第三者から見て作成の責任の所在が明確であること」を指すのはどれか。

[選択肢]

①見読性

②公開性

③真正性

④連続性

⑤保存性

③

電子保存の3基準に関する出題である。

①電子媒体に保存された内容を、権限保有者からの「診療」、「患者への説明」、「監査」、「訴訟」等の要求に応じて、それぞれの目的に対し支障のない応答時間やスループットと操作方法で、肉眼で見読可能な状態にできること。

②診療情報は公開すべきものではなく、よって電子保存の3基準にも該当しない。

④診療情報の電子保存にあたっては、一部の記録が欠落するなど連続性を維持できない形にならないよう留意する必要がある。こうした概念は真正性や保存性で説明されているので、電子保存の3基準に含まれない。

⑤記録された情報が法令等で定められた期間に渡って真正性を保ち、見読可能にできる状態で保存されること。

問題 2 「保健医療情報分野の標準規格」の説明で正しいのはどれか。

[選択肢]

①経済産業省標準規格ともいう。

②入院時サマリー規約が制定された。

③医療機関に実装を強制するものではない。

④分野ごとの関係学会・団体に制定権がある。

⑤医科で用いる規格に限定されており、歯科は含まれない。

確認問題

解答 2　③

解説 2

①厚生労働省標準規格ともいう。

②2019年に「HL 7 CDA に基づく退院時サマリー規約」が制定された。

③強制はしないが、標準化推進の意義を十分考慮することを求めている。

④医療情報標準化推進協議会(HELICS協議会)の提言を受けて、国が審査する。

⑤標準歯科病名マスターや標準歯式コード仕様など歯科の規格も存在する。

第2章

病院経営改善のためのICT活用

1 医療情報の一次利用と二次利用
2 DPCと電子カルテ
3 物流管理と電子カルテ
4 クリニカルパスと電子カルテ
5 ITによる医療の質評価

医療情報の一次利用と二次利用

1　医療情報の二次利用とは

　情報の一次利用とは、その情報を取得した本来の目的を達成するために利用することである。したがって、医療情報の一次利用とは、「その患者への医療サービスを提供するために、その患者にかかわる医療情報を使用すること」ということができる。ここには、医療スタッフによる診療・ケアはもちろん、医事課職員が行うレセプトの作成や提出、あるいは患者本人による診療情報の開示なども含まれる。

　これに対し、情報の二次利用とは、一次利用の目的を超えて、その情報を利用することである。一般的には、より大規模に情報を分析し、個別の情報では明らかにならないような知見を得ることをさす。すなわち医療情報の二次利用とは、電子カルテをはじめとする医療情報システムのデータを分析し、医療の質や病院経営の改善、医学研究、あるいは医療政策に役立てることをいう（表2 - 1）。

　2007（平成19）年に日本診療録管理学会（JHIM）が公表し、2017（平成29）年に改定した「診療情報記載指針」では、「今後の診療録記載の基本的考え方と視点」を5つ挙げている（表

表2-1　医療情報の一次利用、二次利用の例

一次利用	二次利用
・診療のために電子カルテを閲覧する ・レセプトを作成し、オンライン提出する ・患者の求めに応じて診療録を開示する	・平均在院日数などの臨床指標を算出する ・診療科別に原価計算する ・匿名化して学会で症例報告する

表2-2　今後の診療録記載の基本的考え方と視点

（1）適正な医療を実施し説明責任を果たしていることを示すという視点
（2）患者の個人情報であるという視点
（3）チーム医療のために共有される記録・情報であるという視点
（4）医療の質的水準と安全性、および効率性を評価し、その向上を図るために活用するという視点
（5）臨床医学研究と教育・研修に役立てるという視点

出典：日本診療情報管理学会ホームページ「診療録記録指針（2007年1月）」

2-2)。このなかでも、チーム医療や説明責任という一次利用の利用目的を重視しているが、医療の質・効率の評価や教育研究といった二次利用についても明示している。診療録の電子化が進んでいくなかで、今後も二次利用の重要性がさらに高まっていくことは確実である。

2 　二次利用と個人情報保護法

　病院情報システムを構築する目的は、病院によってさまざまであるが、今日的には二次利用が極めて重視されるようになった。しかしながら、病院情報システムに蓄積されるデータの多くは患者の個人情報であるから、二次利用においても個人情報の保護に細心の留意が必要である。

　個人情報保護法では、個人情報取扱事業者(医療機関や薬局なども含まれる)が、あらかじめ特定した利用目的を超えて個人情報を用いることを禁じている(同法第16条)。ここで特定した利用目的とは、その病院における診療であるから、二次利用する際には原則的に患者の同意が必要ということになる。しかし、匿名化すれば個人情報に該当しなくなるため、「平均在院日数を算出する」「原価計算を行う」等の個人が特定されない利用目的では、取り立てて患者本人の同意を得る必要はない。

　もちろん、ケースバイケースで同意が必要になる場合もある。厚生労働省の「医療・介護関係事業者における個人情報の適切な取扱いのためのガイドライン」では、「症例や事例により十分な匿名化が困難な場合は、本人の同意を得なければならない」とも定めている。よって単に名前を消せばいいということではなく、個人を秘匿することに実効性を確保できるかが焦点である。特に、2015(平成27)年に改正された同法では、顔認識データや会員番号など個人を特定するための番号や符号があるものは、氏名がなくても「個人情報」として扱うことになった。

　したがって、二次利用を行う際には、個人情報保護規程などの院内ルールに則ることが原則である。特に情報管理部門以外の部署(診療部、看護部など)で二次利用する場合は、利用申請書の提出を要求して個人情報保護管理者(多くの場合は病院長)の許可を得る必要がある。情報管理部門への届出を行わず、診療部などで独自のデータベースを構築する例も散見されるが、コンプライアンス上、望ましい形とはいえないので注意を要する。

3 　二次利用と標準化

　医療情報を二次利用する場合、標準化が大きな課題となる。例えば、「肺炎に使用した薬剤費を医師別に比較する」ことを企図したとする。このとき、「肺炎患者」を同定することができなければ、比較することはできない。そこで、実務としては診断群分類(DPC)

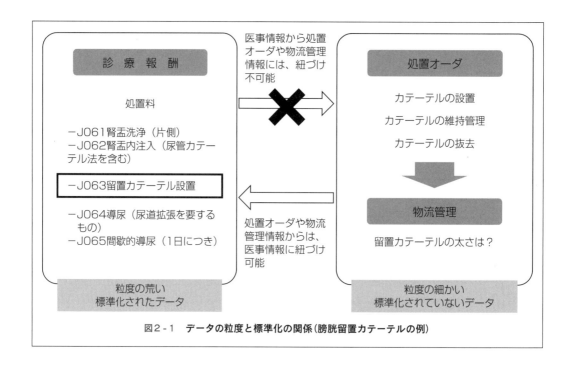

図2-1　データの粒度と標準化の関係（膀胱留置カテーテルの例）

を用いて患者を同定することになる。ここでの診断群分類は、まさに「標準化されたケースミックス」である。

　しかし、病院情報システムで扱う用語・コードのなかで、全国的に標準化が進んでいるものは必ずしも多くない。診療報酬に直結するものは標準化されているようにみえるが、実際の診療行為とは粒度(情報の細かさ)が一致しないので、病院独自の用語・コードを使用せざるを得ない面もある。

　図2-1の例では、処置オーダに登録する処置行為の名称や、物流管理システムに登録する材料の規格(この場合はカテーテルの太さ)などは、標準化されたコード体系をそのまま流用できないので、病院独自に登録することになる。このような場合、どのような二次利用があり得るかをある程度議論しておくことも必要になる。

　例えば、「膀胱留置カテーテルの挿入日数」という臨床指標は、診療報酬のデータからは抽出できない。診療報酬上は「設置(＝挿入)」の点数しか設定されていないので、抜去日を知ることができないからである。そこで、病院で「カテーテルの抜去」という処置行為をあらかじめ処置オーダから入力できるようにしておけば、挿入日数が抽出可能になる。

　しかし、病院独自の用語・コードをシステムに登録していくのには、デメリットも伴う。まず、各部署から要望された用語をすべて登録していくと、病院内での標準化がおぼつかなくなる。いずれ標準化された規格に移行する際にも、多大な労力を要することになる。

　そもそも標準化とは、「自由に放置すれば、多様化、複雑化、無秩序化する(日本工業標準調査会［JISC］)」からこそ行うものである。医療情報の二次利用を考えるのであれば、

少なくとも院内の標準化を進めていくことは不可欠といえる。

4　より良く医療経営にデータを反映させるために

　二次利用は、電子カルテ等の病院情報システムを導入するもっとも大きな目的といえる。しかし、そのシステムから得られたデータを医療経営に反映させていく際には、留意すべき点もある。そこで、経営に携わる者としては、データの限界を踏まえたうえで、適切に使用することが望まれる（図2-2）。

　まず、病院情報システムに蓄積されたデータが、どこまで現場の状況を反映しているのかを考慮すべきである。例えば、電子カルテのログイン、ログアウトの時間をもとに勤務実態を把握しようとすることがあるが、ログイン後の端末が放置されている状態では退勤時間の把握は不可能である。したがって、データを鵜呑みにするのではなく、現実的に考えにくい結果が出てきたときはデータの正確性を疑うことも必要である。

　次に、二次利用を前提にしたデータは、一次利用が歪みやすいという傾向である。例えば、少しでも呼吸・循環機能に不安がある患者には心電図モニタが装着されるが、これは医療・看護必要度のスコアに反映されることと無縁とはいえない。特に診療の現場は「忙しさ」を表すデータには敏感であるから、限られたデータだけで議論を進めるのはデータの信頼性の観点からも望ましくない。

　データの目的はあくまで改善のための議論にあり、一方的な評価に用いることは避けねばならない。そもそも医療のデータにはある程度の限界があり、現場で起きている現象の

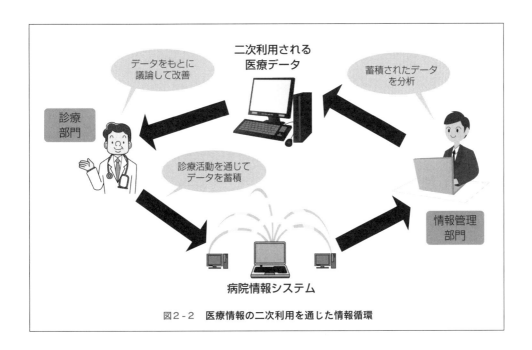

図2-2　医療情報の二次利用を通じた情報循環

すべてを表現することは困難である。その現実を顧みずデータだけで給与に反映するなど一方的な評価を行うと、病院職員のモチベーションが低下するだけで、かえって改善の妨げになってしまう。他方、使わないデータを収集・分析する余裕は今の病院にはないと考えられるため、存在するデータは積極的に使っていくべきである。

このように、「医療情報の二次利用」は、病院の組織力を反映する鏡という面もある。なぜなら、二次利用を活性化するためには、利用目的の共有、多くの人の関心、プライバシー、用語・コードの標準化など、さまざまな要素が絡み[1]、そこで病院の組織力が問われるからである。これらの課題を少しずつ解決しつつ、診療部門と情報管理部門が効果的に「情報循環」できるよう議論を促進していくことも、医療経営士のこれからの役割の1つだといえるだろう。

5 次世代医療基盤法とヘルスデータの活用

このように二次利用が進まない中で、2018（平成30）年に「医療分野の研究開発に資するための匿名加工医療情報に関する法律」（次世代医療基盤法）が施行された。これは、医療分野の研究開発を進めるため、病院などで発生したデータを「認定匿名加工医療情報作成事業者」に渡し、これを同事業者が加工して匿名化することで、大学や製薬会社などが研究開発に使いやすくする仕組みである（図2 - 3）。

現在の個人情報保護法では、診療情報を研究に用いるための同意取得の手続きが非常に厳格であり、研究が進みにくい大きな要因になっている。そのハードルを下げることで研究を進めることは、最終的にはそのデータを利用する国民の利益にもつながる。

とくに病院からの診療情報だけでなく、介護事業所や医療保険者などともデータが結合しより幅広いヘルスデータとして分析を行うことで、従来になかった知見を得ることが期待されている。

※1　Charles Safran et,al. Toward a National Framework for the Secondary Use of Health Data: An American Medical Informatics Association White Paper. J Am Med Inform Assoc. 2007；14(1)：1–9.

次世代医療基盤法の全体像（匿名加工医療情報の円滑かつ公正な利活用の仕組みの整備）

個人の権利利益の保護に配慮しつつ、匿名加工された医療情報を安心して円滑に利活用する仕組みを整備。
①高い情報セキュリティを確保し、十分な匿名加工技術を有するなどの**一定の基準**を満たし、医療情報を取得・整理・加工して作成された匿名加工医療情報を提供するに至るまでの一連の対応を**適正かつ確実**に行うことができる者を**認定する仕組み（＝認定匿名加工医療情報作成事業者）**を設ける。
②医療機関、介護事業所、地方公共団体等は、**本人が提供を拒否しない場合**、認定事業者に対し、**医療情報を提供できる**こととする。認定事業者は、収集情報を匿名加工し、医療分野の研究開発の用に供する。

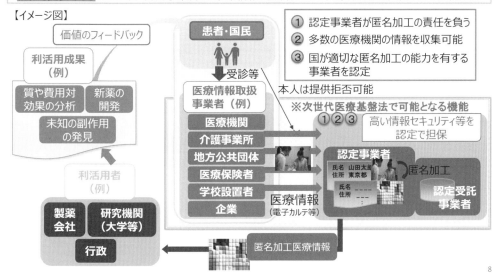

出典：「『世代医療基盤法』とは」内閣官房健康・医療戦略室内閣府日本医療研究開発機構・医療情報基盤担当室
（2020年3月）

図2-3　次世代医療基盤法の全体像（匿名加工医療情報の円滑かつ公正な利活用の仕組みの整備）

② DPCと電子カルテ

1　DPCとは

　DPC（Diagnosis Procedure Combination：診断群分類）は、入院期間中に医療資源を最も投入した「傷病名」と、提供された手術、処置、化学療法などの「診療行為」の組み合わせにより分類された患者群である。2020（令和2）年4月改定におけるDPCの分類項目は4,557分類である（図2-4）。

　DPCは、米国で開発された診断群別疾病分類（DRG：Diagnosis Related Group）を基礎に、世界のさまざまな国で、それぞれの国の医療実態に即した診断群分類に改良され、

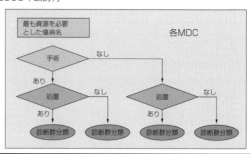

図2-4　診断群分類（DPC）の基本構造

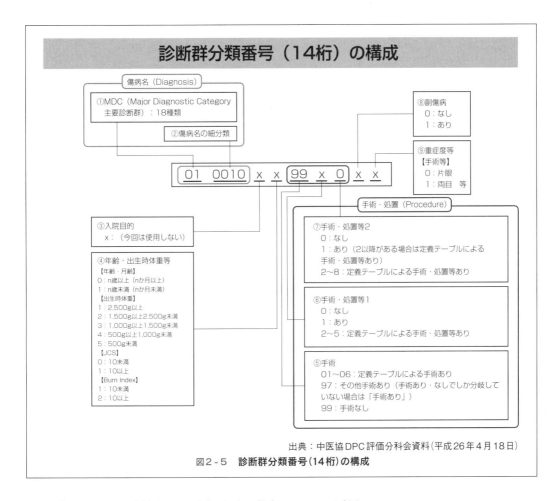

出典：中医協DPC評価分科会資料（平成26年4月18日）

図2-5　診断群分類番号（14桁）の構成

さまざまな形で医療機関への支払方法の枠組みとして活用されている。

　DPCという呼称については、①診断群分類に基づく1日当たり定額報酬算定制度を意味する場合と、②患者分類としての診断群分類を意味する場合とが混在し、両者の使い分けを明確にするべきという指摘があった。本来DPCは②の意味でつくられた略称であり、支払制度の意味は含まれない。このため、2010（平成22）年12月16日のDPC評価分科会において整理され、支払制度としてのDPC制度の略称については、「DPC/PDPS（Diagnosis Procedure Combination / Per-Diem Payment System）」とすることになった。

　日本における診断群分類は、まず医療資源を最も投入した傷病名により分類し、次に、診療行為（手術、処置等）や副傷病により分類する。傷病名は国際疾病分類（ICD-10）、診療行為等は診療報酬上の区分で定義されている（図2-5、図2-6）。

2　DPC導入の目的

DPCは、良質な医療を効率的に提供していく観点から、それまで慢性期医療等を中心

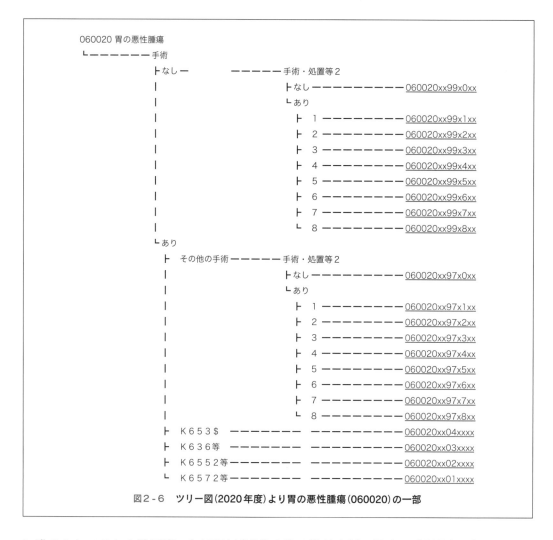

図2-6　ツリー図（2020年度）より胃の悪性腫瘍（060020）の一部

に進められてきた入院医療の包括評価(療養病棟入院基本料、特定入院料等)を急性期医療に拡大することとし、大学病院から順次導入が進められてきた。DPCという標準的な単位を用いることで施設間の比較が可能となったことが、DPC導入の最も重要なポイントであり、これが医療制度改革や病院におけるマネジメントにつながる(表2-3)。2019(平成31)年4月時点のDPC対象病院数は1,727病院、算定病床数は48万2,361床(同54%)と見込まれている(2019.6.19診療報酬調査専門組織)。

▌(1)医療サービスの評価と向上

　新設病院や地方の病院では診療プロセスがきちんと整備されていないことが多く、病院によってばらつきが大きいことが問題となっていた。その結果は在院日数や死亡率などのアウトカムとして表現される。DPCを用いることにより、診療プロセスを医療機関相互、あるいはベストプラクティスと比較して改善し、それをもって医療の質の向上を図ること

表2-3　DPC導入の目的

```
1　医療の標準化・透明化の促進（期待される効果）
　①患者にとって
　　・客観的なデータで標準的な治療や価格情報を参照できる
　②医療機関の管理者にとって
　　・それぞれの病院の長所、短所の把握ができる
　　・自院の位置付けを把握し、今後の経営戦略を立てることができる
　　・心療に従事している者に、客観的なデータに基づいた改善点を示すことができる
　③診療に従事している者にとって
　　・自分たちが行っている医療の改善すべき点がわかる
　　・自分たちの行っている医療の成果を主張できる
2　地域における「自院の位置付け」の明確化が重要
　①地域の医療需要の動向を踏まえたうえで自院の機能を明確にする
　②医療計画との整合性を明確にする
　③自院の医療機能の「見える化」を明確にする
　④社会や地域の実情に応じて求められている機能を明確にする
```

出典：中医協DPC評価分科会資料（平成23年2月9日）他より作成

ができる。

（2）病院経営への応用

　将来にわたって持続可能な社会保障制度を実現するために、2025（平成37）年を目標にしたさまざまな政策が進められている。このような時期にデータの裏付けのある医療経営にあたる組織とそうでない組織では、その経営力の面で大きな差がつくであろう。

　DPCを用いることにより、経営の方向性を決める顧客（患者）の動向と自院の役割を把握しやすくなる。具体的には、「将来人口推計」「疾患別患者数」「受療率」等の社会環境に加え、自院や近隣の医療機関の患者数・診療行為（強み・弱み）を分析し、地域において自院が将来担う役割を"見える化"することで、具体的な行動計画を提言できる。なお、これは、正しいルールに則ったデータに基づくことはいうまでもない。

（3）医療計画への応用

　2014（平成26）年に成立した地域における医療及び介護の総合的な確保を推進するための関係法律の整備等に関する法律（地域医療介護総合確保推進法）により、社会保障と税の一体改革が粛々と進められている。この中心にあるのが、病床機能報告制度に基づく地域医療構想（ビジョン）である。医療計画は地域の住民ニーズに的確に応えるために、医療提供体制を計画的に整備していくものである。将来の地域医療ビジョンは、DPCや電子レセプト等の診療にかかわる情報を分析し計画されていく。特にDPCデータにおいては病院ごとの平均在院日数などがすでに公開されており、他の公開情報と組み合わせ、利用者にわかりやすく提供しているメディアもある。

▎(4)データヘルス計画への応用

　特定健康診査(特定健診)やレセプトなどから得られるデータに基づいて実施する、効率的・効果的な保健事業をデータヘルスと呼び、これをPDCAサイクルで実施するための事業計画を「データヘルス計画」と呼ぶ。2015年度からすべての保険組合に対してデータヘルス計画の作成と実施を求めることが、2013(平成25)年6月に閣議決定された。

　この動きの背景には、高齢化や生活習慣病の増加に伴う医療費の高騰がある。特定健診・レセプトデータの活用により、保険組合や事業所単位での健康状況、受診状況、医療費状況を把握し、また、加入者に対する全般的・個別的な情報提供等、身の丈に応じた事業を展開することで、保健事業をより費用対効果の高いものにすることが狙いである。

　ここ数年、医療関連データの電子化が進み、特定健診はすでにデータが統一化されている。レセプトの電子化は段階的に義務づけられており、現状でほとんどが電子化となっている。このような現状からデータを利活用できる人材の育成はいうまでもない。

3　DPCと電子カルテ

　第1章で電子カルテについて言及しているのでここでは詳しく述べないが、電子カルテは、単なる診療行為の電子的な記録という目的だけではなく、クリニカルパスによる医療連携や、経営分析のための診療行為を算出するための情報源として、経営戦略において重要な意味を持つ。DPCの分析過程に電子カルテの情報を加えることによって、さらに詳細で、価値のある結果を導くことが可能となる。すなわち、DPCという全国共通の"加工された"情報と、電子カルテの"生の"診療情報により、診療の質向上や経営支援にとって欠かすことのできない情報を発信することが可能となる。

4　DPC/PDPSと原価計算

　DPC/PDPSは、2003(平成15)年に開始された、在院日数に応じた1日当たりの定額報酬を算定するという支払いシステムである。現在4,557の診断群分類が設定されており、このうち、3,990分類については、均質性が担保されていると考えられたことから、1日当たりの包括点数が設定されている(図2-7)。

　このDPC/PDPSによる病院の収入情報は、医事会計システムから得ることができる。財務システムから得られる病院の費用情報と連携させることで、収支分析が可能となる。費用情報を診療科やDPCで分類するために、電子カルテシステムより薬剤・検査・手術・診療材料等の詳細情報や、人事情報、購入価格情報等を活用することで、詳細な原価分析が可能となる(図2-8)。

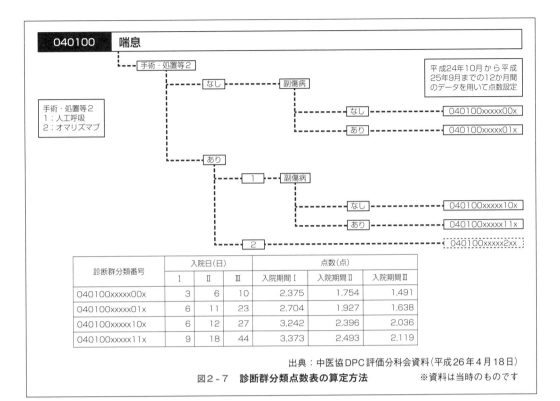

出典：中医協DPC評価分科会資料（平成26年4月18日）

図2-7　診断群分類点数表の算定方法　　※資料は当時のものです

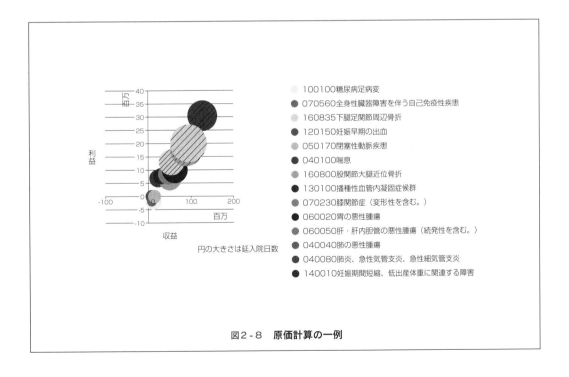

図2-8　原価計算の一例

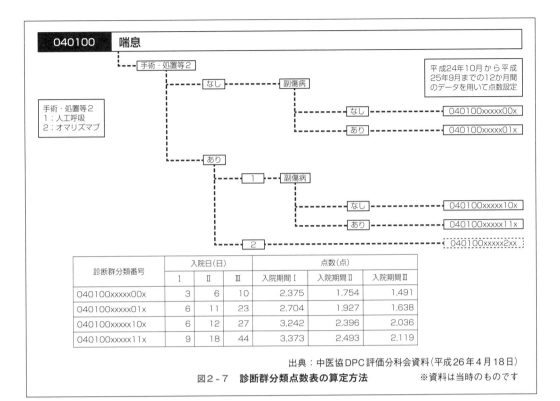

図2-7　診断群分類点数表の算定方法

診断群分類番号	入院日（日）			点数（点）		
	Ⅰ	Ⅱ	Ⅲ	入院期間Ⅰ	入院期間Ⅱ	入院期間Ⅲ
040100xxxxx00x	3	6	10	2,375	1,754	1,491
040100xxxxx01x	6	11	23	2,704	1,927	1,638
040100xxxxx10x	6	12	27	3,242	2,396	2,036
040100xxxxx11x	9	18	44	3,373	2,493	2,119

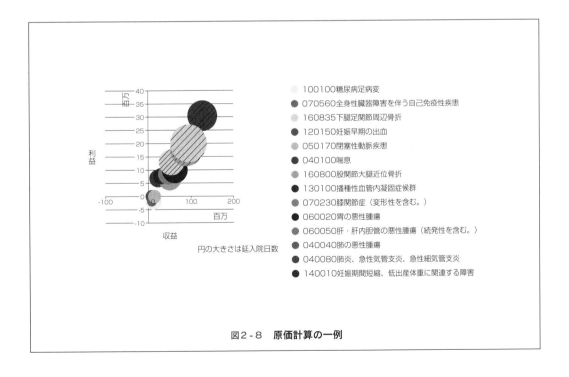

- 100100 糖尿病足病変
- 070560 全身性臓器障害を伴う自己免疫性疾患
- 160835 下腿足関節周辺骨折
- 120150 妊娠早期の出血
- 050170 閉塞性動脈疾患
- 040100 喘息
- 160800 股関節大腿近位部骨折
- 130100 播種性血管内凝固症候群
- 070230 膝関節症（変形性を含む。）
- 060020 胃の悪性腫瘍
- 060050 肝・肝内胆管の悪性腫瘍（続発性を含む。）
- 040040 肺の悪性腫瘍
- 040080 肺炎、急性気管支炎、急性細気管支炎
- 140010 妊娠期間短縮、低出産体重に関連する障害

円の大きさは延入院日数

図2-8　原価計算の一例

③ 物流管理と電子カルテ

1　SPDシステムの概要

　医療用消耗材料の調達は、あらゆる医療機関が運営していくなかで欠かせない業務である。医療分野に応じてそれぞれ固有の医薬品、医療材料、医療機器などがあるため、その業務範囲は広範にわたる。こうした院内で流通するあらゆる物品の物流管理を専門化し、一元管理するのがSPD（Supply Processing and Distribution）システムである。これにより、在庫削減、期限切れの防止、購入費の削減等をもたらし、医療材料消費データ・保険請求ラベル・資産管理システム等の活用により、病院経営にメリットをもたらす。さらに、電子カルテ情報の二次利用により、可能性は拡大する。

2　物品の購入形態

▎（1）院内供給・購入

　病院に納入された時点で病院購入（購入計上）とする。物品管理部署、各部署に配置された材料は使用されるまで棚卸資産として計上される。

▎（2）院外供給・預託

　各部署で使用した時点で納入業者から購入計上とする。使用されるまでは業者預かり在庫として管理され、棚卸資産として計上されない。

▎（3）院外供給・貸出

　貸出業者が貸出品（カテーテル、インプラント類などの特定保険医療材料、高額物品）を病院に貸し出す。使用した時点で購入計上とする。手術準備段階で使用する材料の規格が定まらない場合などが該当する。

3 物品の管理方法

▌（1）定数管理

　部署ごとに保管すべき定数を設定し、ここに登録された数量を常時在庫として配置し管理を行う。SPD管理物品ではSPDシールを活用し、回収されたSPDシールと同じ物品を納品することで、常に定数管理が可能となる（図2-9）。

▌（2）物品請求

　定数管理以外の物品は、個々に物品請求する。SPDシールが貼付された物品が納品される。物品請求された物品は納品時点で購入計上となるため、定数管理物品とは別の管理が行われる。

▌（3）持込材料

　手術準備段階で、使用する材料のうち規格が定まらないものについては、業者から持ち

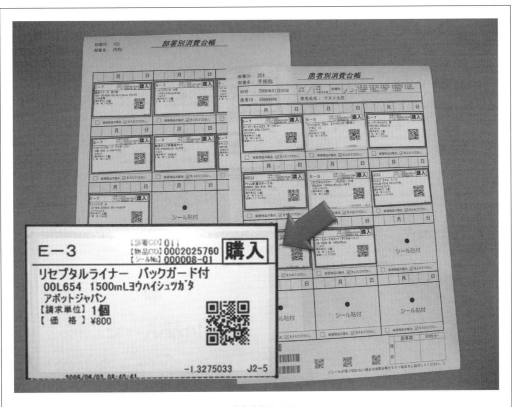

図2-9　消費台帳とSPDシール

込まれた数種類の規格品の入出管理と術後の使用材料の確認を行い、使用材料分だけの消費・購入実績を同時計上する。

4　電子カルテのマスタ管理と物流管理

■（1）データの二次利用

電子カルテに蓄積されるデータは、個々の患者の診療記録であると同時に、症例データベースとしての役割も担う。院内で流通し患者に消費される物品を細部までマスタとして準備し、消費されるごとにマスタにて情報を登録することで、物流管理の改善に利用することができる。医療に携わるさまざまなスタッフがそれぞれの見地から、直接・間接的にデータの二次利用を行うことで、医療の質の向上や効率化に役立てられている。

わが国のIT分野においては、電子カルテシステム、医事会計システムなどがあるが、これらのシステムで利用されるマスタはそれぞれが独自に構築されてきたため、例えば、同一疾病や同一診療行為を表すマスタレコードであっても、マスタごとにコード体系が異なっており、傷病名等の表記も必ずしも一致していなかった。そのため、厚生労働省の「保健医療分野の情報化にむけてのグランドデザイン」で、医療情報のIT化の促進を重要課題に掲げ、医療用語・コードの標準化が進められてきた（表2-4）。標準化作業は、社会保

表2-4　公開されている標準マスタ

1　診療報酬情報提供サービス（http://www.iryohoken.go.jp/shinryohoshu/） ・医科診療行為マスター ・医薬品マスター ・特定器材マスター ・傷病名マスター ・修飾語マスター ・コメントマスター ・歯科診療行為マスター ・歯式マスター ・調剤行為マスター 2　一般財団法人医療情報システム開発センター（http://www.medis.or.jp/） ・医薬品HOTコードマスター ・病名マスター（ICD10対応標準病名マスター） ・歯科病名マスター ・臨床検査マスター（生理機能検査を含む） ・手術・処置マスター ・歯科手術・処置マスター ・看護実践用語標準マスター ・医療機器データベース ・症状所見マスター＜身体所見編＞ ・画像検査マスター ・J-MIX（電子保存された診療録情報の交換のためのデータ項目セット）

険診療報酬支払基金および医療情報システムセンターが連携しつつ進められてきた。標準マスタを利活用することで、異なるベンダーや世代間の比較が可能となる。また、クライアントとサーバー間や業者間での情報伝達に活用することでデータとして蓄積でき、二次利用が可能となる。

膨大な数のマスタ一覧から目的のマスタを選択するには、マスタの数が多いほど煩雑である。最近では、多様なデータの二次利用を目標に、電子カルテ・データベースを中心とする環境の構築が活発に行われている。

▌(2)後発医薬品の使用促進

医薬品を処方する際、銘柄名オーダと一般名オーダの2種類の方法がある。あらかじめ院内で、一般名に対応する銘柄名を定めておくことで、後発医薬品の使用を促進することが可能となる。電子カルテ内では医薬品はマスタ管理されているので、一般名と銘柄名を1対1で連結することにより、後発医薬品の使用促進につながる。ITの最も得意な分野である。

5 経営の視点と物流管理

▌(1)物流管理の徹底

病院の物流管理は、「医薬品や医療材料の動き」のみに注目しているケースが数多くみられていた。院内にSPD室やSPD委員会を設置している病院でも、実際には「安価に物品を購入したい」との初期的なニーズの対応に終始している場合が多い。

また、最近は大手商社などを中心に、物流管理サービスの提案も見受けられるが、大規模なシステムインフラ構築を要する場合が多く、導入費用を上乗せしても収支改善を図れるのは、前提として相当規模の購買活動がある場合に限られる。

本来、物流管理の目的は、病院の費用のなかで人件費に次いで高い比率を占める材料費を一元管理することで、さまざまなベクトルから運営・経営を効率化することであり、そのためには、購買管理、在庫管理、消費管理を有機的に連動させて統率していく体制が理想である。また、医薬品・滅菌材料・医療材料・ME機器・リネン類・事務用品等、多種多様なモノの流れはすべて物流であり、これらを総合的に検証しつつ、ヒトの流れ、カネの流れと効率的に結合することが基本原則となる。

▌(2)物流管理の将来展望

今後の物流管理を見据えた場合、「電子カルテを中心にした病院情報システムの一層の普及」と「DPCによる管理方法や保管・搬送方法の大きな変化」が考えられる。

　前者によって、物流における購入・在庫・使用のデータ把握・分析に関する意識とともに、病院経営に寄与しようとする意識は大きく変わってきており、その代表例が「原価」に関する意識の変化と「標準化」の推進である。収入が包括されるDPCにおいては、決められた一定の費用のなかで、材料費を含めたさまざまな効率化の意識が働く。経営の視点から見れば、患者ごとに材料の選り好みはせず、標準化されたものを使い、なおかつ使用された材料データは患者ごとに把握することが大切だ。

　将来的には、病院全体や各診療科における薬剤や材料の消費・供給状況を詳細に把握したうえで、診療行為に直結した新たな物流管理のあり方を検討することが重要になるだろう。DPCデータからは、同じ診断群分類ごとにどのような薬剤や材料を用いたかを、出来高の診療報酬ベースで把握することが可能である。このデータは、使用する薬剤や材料を適正化するうえで極めて有用であり、原価管理の際にも基礎的なデータとして位置づけることができる。ただ、ここには病院にとって最大の支出である人件費が入院基本料という形でしか含まれておらず、治療やケアに要した時間などの実態を反映したものにはなっていない。しかし、最終的には、IT活用の進展に伴って疾病・手術・処置を単位としたケースごとの薬剤投与量・物品消費量・要したマンパワーの数値化と、それに基づく経営効率化を目指すことが可能となると考えられる。

クリニカルパスと電子カルテ

1　クリニカルパスとは

（1）クリニカルパスの定義

　クリニカルパスは、医療チーム（医師、看護師、薬剤師、理学療法士、そのほか多職種メディカルスタッフ、医事課などの事務系職員など）が最良の医療マネジメントと信じて共同で開発した仮説とされ、日本クリニカルパス学会の定義では「患者状態と診療行為の目標、および評価・記録を含む標準診療計画であり、標準からの偏位を分析することで医療の質を改善する手法」とされている。

　クリニカルパスでは、一定の疾患や検査ごとに、その治療の段階および患者が最終的に目指す最適な状態（到達目標：アウトカム）に向け、最適と考えられる医療の介入内容を行程表（パス表）にする。さらに、クリニカルパスの評価・改善を行うことが医療の質を向上させるマネジメントシステムになる。

（2）クリニカルパス普及の背景

　本来、クリニカルパスは、1950年代のアメリカで多種な工程を要する人工衛星の生産工程を管理するツールとして使われ始め、その後、工業界において生産性を上げるためにクリティカルパスの名称で広く用いられるようになった。各工程の順番や時間の経過をフローで示し、作業開始から終了までの時間的効率性の追求を目的とするものであった。

　医療においては、1985年にアメリカの看護師Karen Zander氏が、工業界での作業開始から完成までの工程を医療の回復過程に置き換え応用し、在院日数の短縮や医師をはじめとしたメディカルスタッフ間での連携強化を目的に開発した。その後、各国へと普及していったとされる。

　パスがアメリカで普及していった背景には、DRG/PPSという診療報酬制度の導入があるといわれている。DRGとは病名と治療内容別に分類された診断群のことであり、PPSとは医療費の支払いが事前に決定されていることである。この制度を導入すると、診断群で定められた支払額以外に発生した医療費は、医療機関が負担することになる。そこで、医療機関では入院期間を短縮させ、患者に選ばれ入院してもらえる病院づくりが必要とな

り、そのツールとしてパスが普及した。現在、日本においてもDPCが広く導入されるようになり、包括医療費支払制度に対応するため、パスが重要視されるようになった。

　名称については、「クリティカルパス（Critical：臨界の／限界の）と呼ばれることが多かったが、医療界では「クリニカルパス（Clinical：臨床の／臨床治療の）」と呼ぶことも多い。最近では一般に「パス」と略されることもある。

■（3）クリニカルパス導入のメリット

　パスの導入によりさまざまなメリットがある。病院・医療従事者にとっては、医療ケアにかかわる全職種がチームをつくり、パス行程表を作成することにより、お互いの役割が明確になり、処置・観察・指示・検査などを見直すことで無駄が省かれ、標準化された計画性のある医療となる。さらに、チーム医療も推進され、質の高い医療を提供することができる。

　また、患者やその家族にとっても治療経過や内容がわかりやすく、安心して質の高い医療を受けられるようになる。新人職員や患者への教育ツールとしても使用することができ、結果的に病院経営の改善にもつながる。

■（4）アウトカムの設定と臨床指標

　クリニカルパスでは、患者が達成すべき望ましい成果・目標としてアウトカムを設定する。そして、アウトカムを達成するために提供する医療（観察・処置など）を「タスク」という。アウトカムはパス作成の真髄であり、アウトカム設定のないものはパスとはいえない。

　アウトカム評価を行うためには比較・分析をするためのマスタの設定が重要で、Basic Outcome Master（BOM：日本クリニカルパス学会作成）（図2-10）を用いることにより、全国の病院、電子カルテの各ベンダーにおける共通言語として使うことができ、ベンチマーク分析などに有効である。

　アウトカムのなかでも最終アウトカム（治療結果）に最も影響を与えると思われる重要なアウトカムをクリニカルインディケーター（CI：Clinical Indicator：臨床指標）と呼ぶ。CIは治療の段階および最終的に患者が目指す最適な状態を達成するため重要な指標と考えられている。

　また、目標が達成できない場合を「バリアンス」という。バリアンスには負のバリアンスと正のバリアンスがあり、その原因を探し出し分析（バリアンス分析）することにより、問題点の早期発見と対応が可能となる。また、どのようなバリアンスが発生したのか、いつ発生したのかという情報を収集・分析し、それをもとにパス表を評価・改善して再使用することが、日頃提供している医療の質のマネジメントにもつながる。

　パスには、目的とレベルによって3つの段階があるといわれている。第1段階は初めてパスを作成する場合、実際に院内で実施している医療内容、インフォームドコンセントな

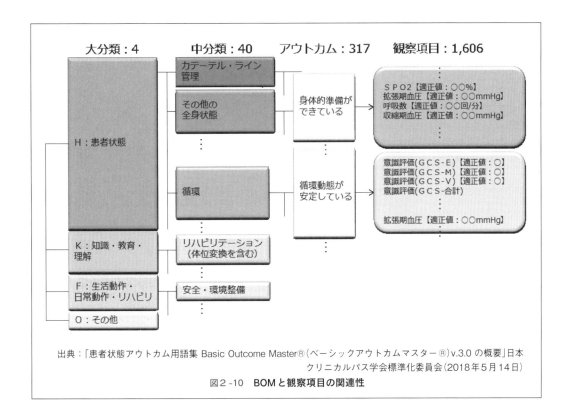

出典：「患者状態アウトカム用語集 Basic Outcome Master®（ベーシックアウトカムマスター ®）v.3.0 の概要」日本
クリニカルパス学会標準化委員会（2018年5月14日）

図2-10　BOMと観察項目の関連性

どを診療工程パス表の形にする。第2段階では、第1段階で作成したパスを使用し、使い勝手やエビデンスと照らし合わせながらアウトカム設定、EBM（Evidence-Based Medicine：根拠に基づく医療）などにより修正・改善し、医療内容の質を向上・標準化していく。第3段階では電子化パス、高度分析によるTQM（Total Quality Management：総合的品質管理）のような理想的なパスを目指すことになる。

2　電子カルテと電子パス

電子カルテは、どの電子カルテ端末からも患者カルテにアクセスでき、医療スタッフ間におけるデータ共有が容易であることが最大の利点であるが、一方で、発生源入力の原則（その観察や行為を行った医療者が自ら入力すること）があり、業務分担、運用フローなど定期的な見直しが必要になる。

各ベンダーで、そのポリシーなどに違いはあるが、電子カルテにパスが組み込まれるようになってきている。パスを電子化することにより、パスに設定されるアウトカムの達成に向けたタスク、検査などとの連動が運用上の大きな利点となる。

また、まだまだ未熟ではあるが、バリアンス分析、アウトカム評価などの解析が行われ、

PDCAサイクル＝Plan（計画の策定：パスの作成）、Do（運用：パスの使用）、Check（点検：バリアンス・アウトカム分析）、Act（改善：見直し・パスの改訂）を有効に活用させるための手段となる。

　電子カルテの導入は病院改革や見直し、パスの導入は業務改革、パスの電子化はパスの見直しやデータ解析のチャンスとなるといえるだろう。例えば、複数の病院で電子パスを共同利用し、そのバリアンスなどを共有して見直しを行うような取り組みがある。このように、電子カルテとパスには密接なつながりがある。

⑤ ITによる医療の質評価

1 医療の質評価と臨床指標

さまざまな側面を持ち、定量化が困難な医療の質を厳密に測定することは、一般には極めて困難である。そうしたなかで、医療の質の評価においてはAvedis Donabedian（1966）が提唱した「ストラクチャー（構造）」「プロセス（過程）」「アウトカム（結果）」からなる3つの視点からの測定・評価が広く受け入れられている。

医療の質の評価のために、クリニカルインディケーター、もしくはクォリティインディケーター（QI：Quality Indicator：医療の質指標）と呼ばれるさまざまな指標が定義され、生成・比較されている。厚生労働省は、2010（平成22）年度から、「医療の質の評価・公表等推進事業」を進めており[2]、その内容は次のとおりである。

①特定の医療分野について、評価・公表等を行う具体的な臨床指標を選定する

②関連する複数の医療機関から臨床データを集計・分析し、具体的な臨床指標の作成を行い、ホームページ等を通じて国民に対して公表する

③臨床データの提供のあった医療機関の関係者等による委員会を開催し、国民に有用な臨床指標の公表のあり方等に関する諸課題について分析・改善策の検討を行う

事業の初年度は独立行政法人国立病院機構、一般社団法人日本病院会、公益社団法人全日本病院協会の3団体が補助を受け、以降も複数の団体が参加して継続されている。

したがって、それらの団体に属する各医療機関も臨床指標を作成していることになる。**表2-5**がその一例であるが、院内のさまざまな部門が関与しており、表の例では診療情報管理部門、医事部門、地域連携部門、理学療法部門、医療安全管理部門、看護部門、感染制御部門、栄養管理部門がそれぞれに関係する指標を作成している。

他にも厚生労働科学研究「日常的な医療の質の評価指標の標準化と公表方法に関する開発研究」（研究代表者：河北博文）の成果物である「医療の質指標ポータルサイト」が公開され、「医療の質指標プール」などを提供している[3]。

※2　厚生労働省「平成27年度医療の質の評価・公表等推進事業の申請受付について」
※3　医療の質指標ポータルサイト

表2-5　臨床指標・質指標の例

1．病院全体の指標	2．医療安全	3．感染対策
1-1　死亡退院患者率	2-1　退院後6週以内の予期せぬ再入院率	3-1　MRSA感染症新規発生率
1-2　退院後2週間以内の入院サマリ完成率	2-2　入院患者の転倒・転落発生率	3-2　中心静脈カテーテル関連血流感染発生率
1-3　パス適用率	2-3　入院患者の転倒・転落による損傷発生率（レベル2以上）	3-3　緑膿菌の薬剤耐性率（MDRP）
1-4　入院24時間以内の死亡		3-4　擦式アルコール手指消毒剤使用量
1-5　紹介率	2-4　入院患者の転倒・転落による損傷発生率（レベル3b以上）	3-5　血液・体液暴露（針刺し）件数
1-6　逆紹介率		3-6　特定抗生剤届出率
1-7　医師返書作成日数	2-5　インシデント・アクシデントレポート提出件数，提出率	
1-8　救急車受け入れ不能件数、率		4．栄養
1-9　入院患者のリハビリ実施率	2-6　24時間以内の再手術率	4-1　特別食比率
	2-7　手術後24時間以内の死亡率	
	2-8　褥瘡推定発生率	

2　データの定義や精度に関する注意点

　近年、医療のさまざまな場面でITが関与するようになり、特にストラクチャー（構造）、プロセス（過程）、アウトカム（結果）の3つのうち、プロセスとアウトカムについてはさまざまなデータが得られるようになった。データのソースとしては電子カルテシステムやオーダリングシステム、医事会計システムに記録されたデータの利用が可能であるが、できれば質指標をつくるための特別な作業をするのではなく、日常の記録などから自動的に算出できる仕組みが望ましい。DPC対応の医事会計システムから生成されるEファイル・Fファイルといったデータは、人の手で左右される部分が少なく、正確さや比較のしやすさという点で優れており、近年多くの指標の源として使われている。

　しかし、デジタル化されたデータは、見る者にとってはしばしば無批判に信頼され、鵜呑みにされやすいものである。そのため、指標の作成担当者はそのデータが本当に指標とするにふさわしい正確さを持っているかどうかを把握しておく必要がある。情報システムから出されたデータは、1つの施設内で変化を見る用途には問題が少ないが、ベンチマークなど施設間の比較に利用したい場合は、本当に同じ条件で取られたデータかどうかについても確認すべきである。

　例えば、「24時間以内の再手術件数」や「救急外来受診後入院までに要した時間が4時間以内である件数」といった、事象同士の時間的間隔を利用した指標がつくられている。これらについて、どの時点からどの時点までの時間を測るのか、記録された時刻の精度はどうかという点に着目することで、施設間で比較して意味があるデータかどうかがわかる。

　「救急外来受診」とは、システムに受付された時刻なのか、患者が初療室(ER：Emergency Room) に入ってきた時刻なのか、「入院時刻」とは、ストレッチャーが病棟に到着した時刻なのか、患者が病室のベッドに移された時刻なのかといった定義の問題がある。さらには手術室の入退室時に患者のリストバンドのバーコードを読み込んだ時刻と、スタッフが記憶に基づいてカルテに記載した時刻とでは、その精度の点で大きな差がある。

　ITによる医療の質管理の具体的成果として、さまざまな指標が利用可能になってきた。冒頭でも述べたが、定量化できる一部を見ただけで、全体の質を語るということのないよう、デジタル指標の限界を認識しておく必要がある。また、指標は単に作成するだけではなく、PDCAサイクルを回すことに意味があるので、指標作成が目的になってしまわないように注意が必要である。

問題 1 医療情報の二次利用に当てはまらないのはどれか。

[選択肢]

①診療科別に原価計算する

②匿名化して学会で症例報告する

③レセプトを作成し、オンライン提出する

④平均在院日数などの臨床指標を算出する

⑤死亡患者の診療録を点検して、研修医の指導を行う

確認問題

解答1　③

解説1

①原価計算は、医療経営に資する目的で行うものであり、その患者には直接還元されないので二次利用である。

②学会発表は、その患者には直接還元されないので二次利用である。

③医療情報の一次利用とは、その患者に医療を提供する上で必要な範囲で、医療情報を用いることをいう。レセプトの作成・提出は、その患者に保険診療を提供する上で必要である。

④臨床指標の算出は、医療の質向上を通じて間接的に還元される可能性はあるが、その患者には直接還元されないため二次利用である。

⑤診療録の点検に基づく指導は、診療直後に行うものであれば、その患者の診療に還元される可能性もある。設問は死亡患者を対象としており、もう診療を受ける機会はないので、二次利用にあたる。

問題 2 Basic Outcome Master（BOM）を用いる目的として適切なのはどれか。

[選択肢]

①バリアンス分析

②レセプトの提出

③注射実施時の3点認証

④転院先の空床状況確認

⑤DPCコーディングの精度改善

解答 2　①

解説 2

① BOMは、クリニカルパスのアウトカムを表現するマスターである。アウトカムに到達できたか評価することで、バリアンス分析につながる。

② 診療報酬明細書(レセプト)にBOMを使用する場面はない。

③ 注射実施時の3点認証は、注射薬などの対象物、患者、実施者の3点をバーコードなどを用いて認証する仕組みである。これらのバーコードには、BOMは含まれていない。

④ 転院時の患者状態を表現する目的でBOMを使用することは考えられるが、空床状況を示す際にはBOMは使わない。

⑤ DPCコーディングでは、「最も資源を投入した傷病名」が適切に表現されているか点検することが重要である。そこで用いるコード体系とBOMは、直接的には関係していない。

第3章

経営資源としてのICTマネジメント

1 病院情報システムの導入戦略・計画の策定
2 医療ICT人材の活用
3 情報セキュリティマネジメント
4 災害への備えと事業継続計画（BCP）
5 ICTシステムの評価

病院情報システムの導入戦略・計画の策定
──DX：デジタル・トランスフォーメーション──

1　病院情報システムは重要な資産である

　病院情報システムの導入にあたっては、病院を経営するうえでシステムが重要な資産であるとの認識を持つ必要がある。これは単に病院情報システムへの投資が高額であるという側面からではない。むしろ、電子カルテシステムをはじめとする病院情報システムは、病院が医療サービスを提供するうえでもっとも基本的なインフラストラクチャーだからである。

　病院経営においては、その病院が高度急性期を追求するのか、あるいは地域包括ケアシステムを担っていくのかなど多様な戦略や運営方針があり得る。したがって、システム投資もこれらの戦略や運営方針に密着したものに対して優先的に配分していくことになる。

　例えば、地域包括ケアシステムに比重を置きつつある病院では、抗がん剤の投与量などを緻密に管理するためのシステムを導入することには慎重にならざるを得ないし、他方で地域医療連携システムなどの導入には積極的になりやすい。基幹システムである電子カルテシステムについても、これらの部門システムとの連携を前提に選択していくことになるだろう。

　このように、経営戦略や運営方針を、どのように病院情報システムの導入戦略や計画に落とし込んでいくかが、病院経営に携わる者にとって大きな論点となってくる。もちろん、システムの導入は予算や技術的な制約のなかで行われるものであるから、医療ICTシステムの専門家（医療情報技師など）を交えて議論することは不可欠である。しかし、これを理由に専門家任せでシステムを構築する体制は決して望ましいとはいえない。

　不動産や画像診断装置など高額な資産を調達する際には、それらの資産が経営戦略や方針を達成するうえで、どのように役立つか査定するのは当然である。病院情報システムの調達にあたっても、同様に行うことが求められる。

2　病院情報システム基本計画の策定

　このように病院情報システムの導入は高度な経営判断が伴う。しかし、導入を進めていく過程では、枝葉末節にこだわり、経営上の意図が十分に反映されないまま構築されてし

まうことも散見される。もっとも望ましくないシステム導入は、単に導入費用の優位性だけでシステムの販売会社(ベンダー)を選定し、その後の導入プロセスもベンダー任せとするものである。この場合、病院の業務とまったくかみ合わないシステムを導入して診療に支障を来したり、改修費用や維持費用が高額になってしまうなど、望ましくない結果を生んでしまうことにもなりかねない。

そこで、ベンダー選定を始める前に、まずはその病院が何のために病院情報システムを導入しようとしているのかを明らかにしておくことが望ましい。これには、主に2つの理由がある。

第1には、病院情報システムの投資には限りがあり、希望するすべての機能を実装することは困難だからである。すなわち、実装する機能には優先順位を付けざるを得ないので、その際に優先順位を定める基準が必要となってくる。

第2には、システム導入の過程では、職種・部門間調整が必ず発生するからである。その際に判断基準がないとシステム導入のプロジェクトが迷走することは、以前から指摘されているが、現在でも散見される現象である(表3-1)。

表3-1のなかでも大きな失敗要因となるのは⑤である。すなわち、病院情報システムの導入は「組織全体のBPR(Business Process Re-engineering：業務の再構築)」の好機である。現状温存の計画にならないよう、病院の将来像を踏まえた中長期的な展望をもとにICTで病院の新時代をつくる、いわゆるデジタル・トランスフォーメーション(DX)の視点が重要だ。

例えば、医療安全の推進をシステム導入の最大の目的とする場合は、バーコードによる内服薬の3点認証は優先的に実装すべきであろうし、組織内の「見える化」を目指すのであれば、二次利用が容易なシステム構成であることが不可欠である。もちろん、いずれも必要な機能ではあろうが、このように「やりたいこと」を積み上げていくと、費用や納期の面から実現不可能な要件が定義されてしまう。そこでシステム化の優先順位を定義することが、基本計画のもっとも大きな役割といっても過言ではない。その優先順位は、現在の業

表3-1　病院情報システム導入の失敗要因分析

阿曽沼版プロジェクトメーキングの失敗・7つの法則
① WGをたくさん作り、各部門取りあえず公平に参加し、部門関係者優位となる。
② WGが意思決定機関と思い、要望すれば全て実施してもらえると勘違いする。
③ WG参加のメンバーはただ単に各部の利益代表で、組織全体を考えられない。
④ IT化のリーダーに、病院組織の分かる人ではなく、ITが得意な人を選んでしまう。
⑤ 組織全体のBPRに関わる問題はなるべく避け、現状温存の計画を立ててしまう。
⑥ 肩書きがあり、声の大きな人に惑わされ、本質的な課題を見過ごしてしまう。
⑦ 例外的な運用・処理・事象に囚われ、基本的な運用検討が後回しになる。

出典：阿曽沼元博：厚生労働科学研究費補助金医療技術評価総合研究事業「電子カルテシステムが医療及び医療機関に与える効果及び影響に関する研究」平成15年度-16年度総合研究報告書より抜粋

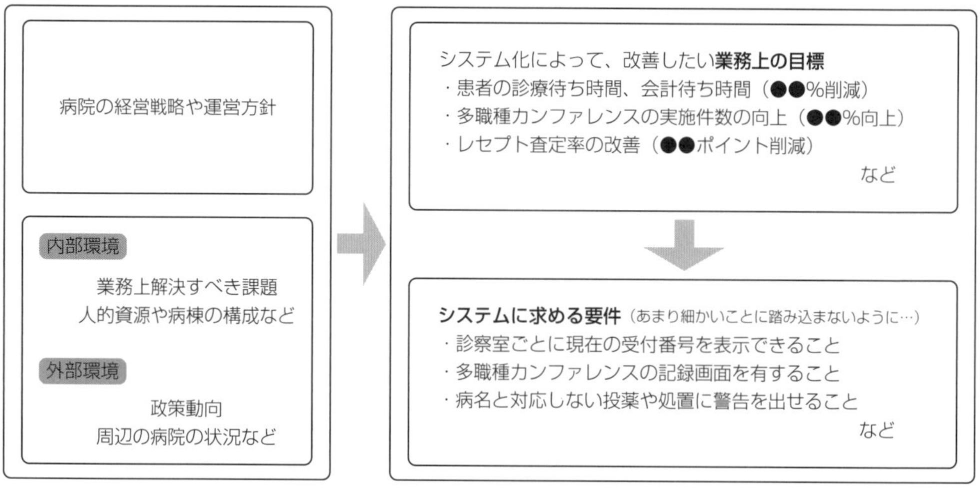

システム化によって、改善したい**業務上の目標**
・患者の診療待ち時間、会計待ち時間（●●％削減）
・多職種カンファレンスの実施件数の向上（●●％向上）
・レセプト査定率の改善（●●ポイント削減）
など

病院の経営戦略や運営方針

内部環境
業務上解決すべき課題
人的資源や病棟の構成など

外部環境
政策動向
周辺の病院の状況など

システムに求める要件（あまり細かいことに踏み込まないように…）
・診察室ごとに現在の受付番号を表示できること
・多職種カンファレンスの記録画面を有すること
・病名と対応しない投薬や処置に警告を出せること
など

図3-1　病院情報システムの基本計画を策定する際に考慮すべきこと

務よりも、むしろ将来的な病院の役割とこれに基づく業務体制に依存する。したがって、経営の観点から中長期的な展望を示さない限り、有効なシステム投資はできないのである。

　このことから、医療経営士としても、病院の経営戦略や運営方針と整合性のある基本計画を立案することが求められる。図3-1に、基本計画を策定する際に考慮すべきことの大まかなイメージを示しておく。

3　システム導入計画を立案し、実行する際の原則

　システムを導入する際の原則論は、すでにさまざまな形で体系化されている。ここではITコーディネータ協会の「IT経営実現領域における基本原則[1]」をもとに、特に病院で生じやすい具体的な課題を例示しつつ、医療経営士が留意すべき点を整理する。

●B2（2）改善・改革を一時的な対応で終わらせない（継続的改善・改革の原則）

ビジネスや業務プロセスは一時的でなく、改善、改革を繰り返すことで成熟させることができる。

※1　ITコーディネータ協会「IT経営推進プロセスガイドラインVer.3.1（ダイジェスト版）」（2018年）

　例えば、待ち時間の削減を目標に挙げる場合、システム導入に合わせて業務の変更を進めるとともに、その成果をモニタリングする仕組みを構築すべきである。「6か月に1回は経営会議で待ち時間について報告する」といったことを決め、その担当部署を明確にしておくような対応が必要である。これはシステム導入の課題であると同時に、病院経営上の目標管理でもある。

●B3（1）経営者はIT化プロジェクトに関与する（経営者関与の原則）

経営者は、IT化プロジェクトに関与し、ITサービスを利活用した業務改革ができるようなリーダーシップをとる。

　システム導入のプロジェクトは、ときに遅延し、当初の予算を超過し、また当初のシステム導入目的を達成できない事例も散見される。その原因を分析していくと、「プロジェクト構成員の責任と権限が不明確」であることが少なくない。このため、いったん決めた業務フローなどが、その後の会議で蒸し返され、プロジェクトが進まなくなるような事態がしばしば発生する。病院の組織文化を踏まえれば、こうしたプロジェクトを立ち上げる際に経営者が関与し、責任と権限を文書で明確にしておくことは不可欠である。これはシステム導入の課題であると同時に、人事あるいは組織の管理でもある。

●B4-1（3）IT資源調達は総合的な視点で選ぶ（最適IT資源調達の原則）

技術調査、自社の現状、移行性や実現性、導入効果とリスクなどの視点で総合的に評価し、最適なIT資源を調達する。

　病院情報システムを調達する際に、価格優位性、あるいは新しさだけでシステムやハードウェアを選定する場合も散見される。しかし、病院情報システムは病院業務にとって欠くことのできないインフラストラクチャーであることから、リスクの評価もしなければならない。特に、人に依存するシステム（特定のユーザーしか使用しない、あるいは医療情報部門の特定の職員しか管理できない）を導入してしまうと、その人材が何らかの理由で欠けた際に、当該システムが不良資産化してしまうリスクが否めない。昨今の電子カルテシステムでは「ノンカスタマイズ」も増えているが、そこには属人的管理を避けるという一定の合理性も存在するのである。これはシステム導入の課題であると同時に、病院としてのリスク管理でもある。

　こうして実務に即してみると、システム導入における課題の多くは、方法論ベースでは

　医療情報部門が解決すべきものといえるが、他方では目標管理・人事管理・危機管理など病院全体の経営課題という側面も強い。したがって、システム導入計画の立案や実行は、全面的に医療情報部門に委ねるのではなく、経営者の観点から経営企画部門等がかかわり、「総合的な視点」で計画の進捗をモニタリングしてくことが望ましい。

　なお、医療情報システムの専門家（医療情報技師など）に必要な知識体系は、同職種の職能団体である関西医療情報技師会が「医療情報マネジメント知識体系（HiMBOK：Healthcare Information Management Body of Knowledge）」という形で提案しており[2]、そこには全社戦略や事業戦略策定といった要素も含まれており、「総合的な視点」を持つ上で有用である。これらは、経営企画部門が主に担当する領域ともいえるが、より望ましいシステム導入を進めるためには、医療情報部門、そして診療部門等との議論が不可欠であることを強調しておきたい。

※2　関西医療情報技師会ホームページ「HIMBOKとは」

❷ 医療ICT人材の活用

1 医療ICT人材とは

　医療従事者のうち医師・歯科医師の割合は約1割で、残る約9割は看護師等のメディカルスタッフである。これら医師をはじめとした医療従事者がいかに連携するか、いわゆる自律・分散・協調するかがますます重要になっている。メディカルスタッフを育成し、結果として医療を効率化させ、質を高めていくためには、チーム医療に代表される連携・強化が不可欠である。

　人と人が連携するうえで欠かせないものが情報であり、情報の伝達・蓄積・加工を支援するのがICT（情報通信技術）である。ICTとITは、特に厳格に区別するものではなかったが、昨今のスマートフォンや携帯電話等の普及からもわかる通り、IT（Information Technology：情報技術）とCommunication（通信）が一体となっており、ともにネットワークの発展に伴い仕組み全体をさす場合にはICTを使うことが一般的となった。筆者の勤務していた東京医科大学病院では、同一ネットワークに画像・音声（電話）・波形データが従来のテキストデータと同じネットワークを介して情報交換・流通している。

　さて、医療ICT人材の役割は、ICTを活用・援用し、高度な情報処理活動を実践することに他ならない。ここで情報を広辞苑で調べると、ある事柄の「しらせ」と「知識」に分けられる。「しらせ」を共有するには共通言語が必要であろうし、他方で知識を活用するには、その知識が形式知化されているか、共同経験としてあるか、あるいはその両方が欠かせない。知識は野中郁次朗らの「SECIモデル」を援用すると、知の源泉は個々人の体験に基づく暗黙知であり、内面化→共同化→表出化→連結化と知識移転がされて、暗黙知と形式知が交換されるといわれている（図3-2）。このサイクルを回転させることの一役を担うのが医療ICT人材ともいえる。

2 医療ICT人材に期待される4つの役割

　日本医療情報学会は、学会認定資格として医療情報技師を認定している。これは、「医療保険福祉専門職の一員として、医療の特質をふまえ、最適な情報処理技術にもとづき、医療情報を安全かつ有効に活用・提供することができる知識・技術および資質を有する者」

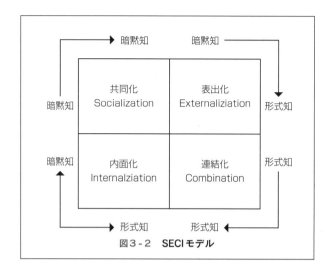

図3-2　SECIモデル

と定義している。医療、ICTに必要な知識・スキルは今や広範に及び、すべてを網羅することは現実的でない。本節においては、医療ICT人材をチームあるいは外部リソースと連携しつつ、ICTを活用して課題を設定・解決する人材とする。もちろん、純粋な情報システム利用者の立場、あるいはヘルプデスク等も重要であるが、ここでは経営の観点から、プロセスマネジメント、サービスマネジメント、プロジェクトマネジメントとナレッジマネジメントの4つの観点で、医療ICT人材の活用を整理する。

■（1）プロセスマネジメント

　宅配便が発明されるまでは荷物に荷札を付けて運んでいて、荷札の控えもないことから、利用者には荷物の配送情報を知るすべがなかった。ここで物流（ロジスティクス）にICTを結び付けることで、いつでもどこでも荷物の集荷・輸送・配送状況を確認できるようになり、モノと情報が一体となって、さらに情報のみを切り離して活用できるようになった。
　医療ICT人材に期待される1つ目の役割は、このようなプロセスの見直しと、情報の利活用である。これは病院全体の最適化から、情報機器等のモノの再配置・印刷物の出力先・印字内容の見直しといったQC（Quality Control：品質管理）活動までが含まれる（**図3-3**）。

■（2）サービスマネジメント

　情報システムは稼働時までに多額のイニシャルコストを要し、さらに稼働後も保守料等のランニングコストが緩やかではあるが発生する。さらにはハード・ソフト等のシステムの保守期限から生じるシステムの寿命もあって、一定期間ごとにシステムの更新が必要になる。このイニシャルコストとシステム廃棄までのランニングコストの和をTCO（Total Cost of Ownership：総保有コスト）と呼ぶが、システムの導入が比較的容易になったこ

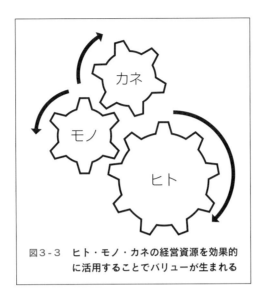

図3-3　ヒト・モノ・カネの経営資源を効果的
　　　　に活用することでバリューが生まれる

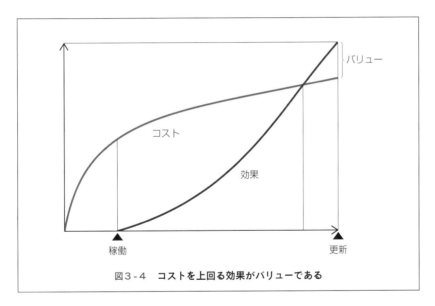

図3-4　コストを上回る効果がバリューである

とからこの管理が一段と重要になっている。

　また、情報システム導入の効果の観点から考えると、情報システムはツールであり、ツールをいかに活用するかが問われているといえる。情報システムの定量的・定性的な効果の和からTCOを減じたものをバリューとすると、効果をより高めるか、コストを減じるか、その組み合わせを判断することがサービスマネジメントの目的である。

　医療ICT人材に期待される2つ目の役割は、情報システムのライフサイクルのなかで、システム導入の目的を達し、予定していたバリューを出すことである（図3-4）。

┃ (3)プロジェクトマネジメント

　米国のシンクタンク「Standish Group International」の統計調査によると、「ICTプロジェクトの7割は失敗か何らかの問題があった」と報告されている。情報システムがパッケージ化されるにつれ、いかにパッケージを自組織に合わせ、あるいは自組織をパッケージに合わせて最適化し、PDCAサイクルを回すかが、組織の競争力を高める大きな要因になっている。プロジェクトマネジメントの知識体系としては、PMBOK(Project Management Body Of Knowledge)が有名で、ISO2150として国際規格化されている。「Q(Quality：品質)」「C(Cost：費用)」「D(Delivery：納期)」を管理するための知識が体系化されている。

　医療ICT人材に期待される3つ目の役割は、プロジェクトのゴールを定め、定めた目標を遵守したうえで、プロジェクトの目標を達成することである。

┃ (4)ナレッジマネジメント

　情報システムの導入初期は、電子計算機にように、人を上回る計算機能から出発していて、その目的は人に代わって機械化する、すなわち省力化が中心であった。そこに、情報処理が加わり、さらにはコミュニケーション機能と一体となりユビキタスな世界を呈している。そのような状況のなかで、組織の成熟度を高めるナレッジマネジメントへの活用が広がっている。

　情報システム導入時には、一般に機能あるいは非機能要件には目がいくが、情報システムを活用した組織のあり方にまではなかなか目が届かないのが現状である。そのため、「SECIモデル」の形式知と暗黙知の変換サイクルを回す組織設計が求められている。別の言い方をすれば学習する組織である。外部環境が大きく変化するなかで、新たな組織能力を開発・整備できるかどうかが組織の競争力に大きな影響を及ぼすことは想像に難くない。

　医療ICT人材に期待される4つ目の役割は、従来のKKD(感・経験・度胸)だけに依存しない仕組みづくりである。

┃ 3 医療ICT人材の育成に向けて

　さて、情報マネジメントの世界には、「ガーベージ・イン・ガーベージ・アウト(GIGO：Garbage In Garbage Out)という言葉がある。これは、データの信頼性が低いデータベースからはいくら高度な手法でデータを解析・抽出し、興味ある結果が出たとしても価値がないか、むしろ害になる恐れがあることを意味する。

　医療情報の原点となる診療録の精度を担保する一役を担うのは診療情報管理士である。日本病院会のホームページによると、「診療情報管理士とは、ライブラリーとしての診療録を高い精度で機能させ、そこに含まれるデータや情報を加工、分析、編集し活用するこ

column ④ 医療情報専門家とのコラボレーション： 二次利用（診療情報管理士・医療情報技師）

　診療情報管理士は、「ライブラリーとしての診療録を高い精度で機能させ、そこに含まれるデータや情報を加工、分析、編集し活用することにより医療の安全管理、質の向上および病院の経営管理に寄与する」人材で、40年以上の歴史を持ち、2015（平成27）年5月現在2万9,529人の認定者がいる[1]。これに対し、医療情報技師は「日々の診療業務に関わる保健医療福祉情報システムの企画・開発および運用管理・保守を仕事とし、保健医療福祉の現場を知り、そこで活躍することができる情報処理技術者」で、12年の歴史を持ち、2015年5月現在1万5,615人の認定者がいる[2]。

　いずれも情報を扱うことが役割であるが、前者は「診療録」に比重を、後者は「情報システム」に比重を置いた人材である。とはいえ、実際には両者の業務を厳密に線引きできるわけではない。そのため診療情報管理士も医療情報技師も同じ「情報管理部門」で勤務し、しかも双方の資格を持っている人材も珍しくない。病院の実務においては、「診療録」と「情報システム」の管理で、どちらかが上流工程になるようなことはなく、この2つの職種は基本的に水平連携ということができる。

　さて、電子カルテシステムが普及するにつれ、「二次利用」のニーズが急激に高まってきた。二次利用を担う人材は、病院によって異なる。診療録を管理する延長線上と考えれば診療情報管理士、データベース管理システムからの抽出という意味では医療情報技師の業務といえる。要するに、二次利用はどの人材が担う選択肢もある。

　ただ、病院経営という観点からみると、二次利用の目的はPDCAサイクルのCheckおよびActionにあるので、そのデータを実際に経営（もちろん臨床での実践も含む）に活かさなければ意味がない。換言すると、使わないデータを抽出することには、あまり意義を見いだすことができない。

　こう考えると、医療経営士もやはり二次利用に関与したほうがいいのではないだろうか。病院経営のなかで何が問題で、何を定量的に示したいのか。そして、データをどう改善活動につなげていくのか。ここは医療経営士もかかわって、積極的に議論すべきポイントだ。もちろん、その問題点を診療録に記載された何の情報を使えば適切に表現できるのか考えるのは診療情報管理士、そして、それをシステムからどう抜き出すのが現実的かを計画するのは医療情報技師が得意である。

　それぞれの得意分野を活かして、よりよい二次利用につなげていきたいものである。

※1　日本病院会ホームページ「診療情報管理士とは」
※2　日本医療情報学会医療情報技師育成部会ホームページ
　なお、医療情報技師の定義は、同ホームページに別途記述されているが、主に能力・資質に関する定義であるため、本コラムにおいては診療情報管理士と対比する具体的業務に関する記述を引用している。

とにより医療の安全管理、質の向上および病院の経営管理に寄与する専門職業」とある。また、診療報酬には診療録管理体制加算の項があり、診療情報管理士等の診療記録管理者を置き一定の基準を満たす場合に加算が取れるという評価がすでにされている。

　情報の二次利用は、診療情報管理士や前述した医療情報技師らがデータアドミニストレータとなり、他の医療専門職とコラボレーションしながら利活用する場面が今後ますます増加するであろう。また、従来の1つの専門に特化した人材から、複数の専門分野を持つ人材がさらに増加して二次利用、ひいてはエビデンスのある医療経営活動が活性化すると考えられる。

　医療ICT人材に対してこれら多様なニーズがあるなかで、医療ICT人材をいかに計画的に育成していくかは、医療機関が社会の公器として存続するうえで不可欠な要件となっている。医療ICT人材には、ビジネスルール・ICTスキル・経営手法と合わせて、医療領域の人材とICT領域の人材をつなぐコミュニケーション能力が欠かせず、継続した学習と合わせて実践を通したスキル育成、それを支えるコンピテンシー(能力や行動特性)の管理が必要だといえるだろう。

③ 情報セキュリティマネジメント

1 情報セキュリティと経営責任

　生産年齢人口（15〜64歳の年齢層）のインターネット利用率が9割を超える今日、情報セキュリティは極めて身近な問題になっている。実際、企業経営を揺るがすような数万人単位の情報漏えい事故は散発しており、病院の事故事例も珍しくない。このような事故は、当然ながら経営上の責任を問われることになり、株主代表訴訟が提起された事例も存在する。

　すなわち、情報セキュリティマネジメントとは、情報システムを守ることによって、そのシステムが保有する情報を守り、もって企業経営を守るための一連の活動をさしている（図3-5）。

　従来、情報セキュリティのための投資は「コスト」と捉えられ、必要最小限にとどめようとする企業も珍しくなかった。しかし、経済産業省の「企業における情報セキュリティガバナンスのあり方に関する研究会」が2005（平成17）年に公表した報告書では、「情報セキュリティ対策を、単なるコストではなく、企業価値を高めるために積極的に取り組むべき投資対象として位置付けることが重要」と明記した。

　他方、病院においては、まだまだ同報告書が求めた位置づけには達していない施設が多

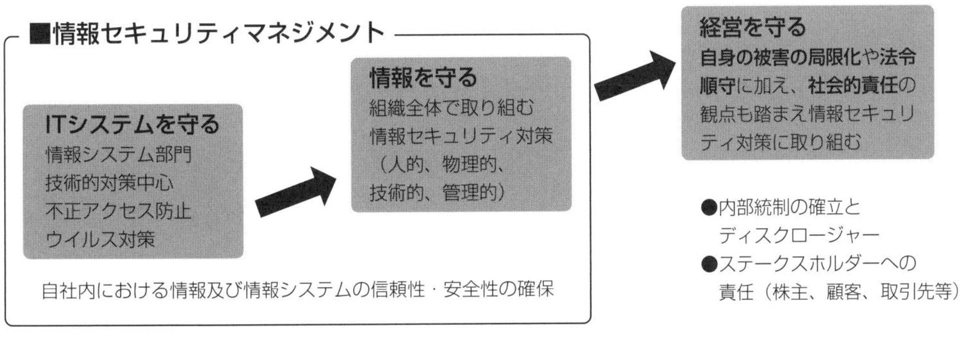

■情報セキュリティマネジメント

ITシステムを守る
情報システム部門
技術的対策中心
不正アクセス防止
ウイルス対策

自社内における情報及び情報システムの信頼性・安全性の確保

情報を守る
組織全体で取り組む
情報セキュリティ対策
（人的、物理的、
技術的、管理的）

経営を守る
自身の被害の局限化や法令
順守に加え、**社会的責任の**
観点も踏まえ情報セキュリ
ティ対策に取り組む

●内部統制の確立と
　ディスクロージャー
●ステークスホルダーへの
　責任（株主、顧客、取引先等）

出典：情報処理推進機構ホームページ

図3-5　情報セキュリティマネジメントのスコープ

いようだ。例えば、電子カルテシステムの端末にUSBメモリを使用することが制限されていなかったり、事務系のウイルス対策ソフトが一元管理されていないような事例も散見される。できるだけ早い時期に、企業で行われている水準の情報セキュリティマネジメントに移行していかなければならない。

2　情報セキュリティに関する法体系

　情報セキュリティに関する法体系は極めて複雑である。犯罪取締の目的では不正アクセス禁止法、電子的な文書の要件を定めるe-文書法など、目的ごとに個別の法律で規定されており、情報セキュリティに関する包括的な法律は存在しない。この不正アクセス禁止法は病院にも適用されるので、ある職員のIDやパスワードを他者が無断使用してカルテを参照したりすれば、特に処方せん発行などを行っていなくても、処罰の対象となる。

　病院に関係する情報セキュリティ関連法には、主に2つの切り口がある。1つは、患者の個人情報を保護するという観点だ。個人情報保護法第20条では、個人情報取扱事業者に「その取り扱う個人データの漏えい、滅失又はき損の防止その他の個人データの安全管理のために必要かつ適切な措置（安全管理措置）」を取ることを義務づけている。この規定に基づく安全管理措置として、情報セキュリティの確保に努めるというアプローチである。

　特に2015（平成27）年に改正された同法では、「要配慮個人情報」という概念が設けられた。これは、人種や信条など、その取り扱いによって不利益が生じる恐れがあるため、特に慎重な取り扱いが求められる個人情報をさす。もちろん、医療機関が取り扱う病歴も、この要配慮個人情報に含まれている。

　もう1つは、医師法第24条に基づく診療録の保管義務（医療法に基づく診療諸記録、薬剤師法に基づく処方せんなども同様）に則り、その義務を満たすうえで必要な措置を取るというものだ。もっとも、この2つの切り口で措置することは、実務としては一貫して行うことになる。

　そこで、厚生労働省では「医療情報システムの安全管理に関するガイドライン[※3]」を策定し、これらの法に基づく情報セキュリティ確保の具体的な方法を示している。このガイドラインでは、要求事項の拘束力に応じて、2つの段階を設定している。

　1つ目は、「最低限のガイドライン」とされる事項である。これは、法令上の要求事項を満たすために必ず実施しなければならない事項を記載しており、実施しなければ違法な状態になり得ることを示している。2つ目は、「推奨されるガイドライン」である。これは必ずしも法的な強制力を伴うものではないが、「説明責任の観点から実施したほうが理解を得やすい対策」を示している。

　ここで、「推奨されるガイドライン」を、実施する義務のない事項と判断することは早計

※3　厚生労働省「医療情報システムの安全管理に関するガイドライン5.0版（平成29年5月）」

である。例えば、「離席の場合のクローズ処理等を施すこと」は「最低限」には含まれず、「推奨されるガイドライン」の範疇であるが、病棟の廊下にログインしたままの電子カルテ端末が放置され、それを見た第三者によって患者の個人情報が窃取された場合、患者は病院に対して管理責任を怠った損害賠償を追及していくことになるだろう。その民事訴訟において、「パスワード付きスクリーンセーバー等をかける義務はない」という理屈が通らないことは自明である。したがって、「推奨されるガイドライン」の範囲においても可及的に対策を講じていくことが、病院経営におけるリスク管理の観点からも重要である。

3　組織的安全管理対策および人的安全対策

▌(1)組織的安全管理対策

　組織的安全管理対策は、情報セキュリティの土台である。「医療情報システムの安全管理に関するガイドライン」では、同対策として次に挙げる7つを行うことを求めている。
①安全管理対策を講じるための組織体制の整備
②安全管理対策を定める規程等の整備と規程等に従った運用
③医療情報の取扱い台帳の整備
④医療情報の安全管理対策の評価、見直し及び改善
⑤情報や情報端末の外部持ち出しに関する規則等の整備
⑥情報端末等を用いて外部から医療機関等のシステムにリモートアクセスする場合は、その情報端末等の管理規程
⑦事故又は違反への対処
　なかでも、①と②は極めて重要で、これは「運用管理規程」をはじめとする文書で示すことが肝要である。
　病院情報システムの管理責任者は、一般に病院長である。これは、電子カルテシステムなどの大規模障害が発生すると外来診療を中止するなどの対応を取らざるを得ず、その判断ができるのは病院長しかいないからである。これと同時に、日々の運用管理を担う権限も明確にする必要がある。例えば、利用者研修を受けた人だけに電子カルテの利用を許可する運用にしたいのであれば、「電子カルテシステムを利用する者は、医療情報部門による所定の研修を受けなければならない」等の院内規程が必要になってくる。こうしたルールは医療情報部門の内規とするのではなく、病院長の決裁や、その権限を委譲された委員会(病院情報システム委員会など)の承認を得たうえで、院内共有の文書として定義しておくことが求められる。技術的な事項は医療情報部門に委ねるとしても、権限の所在や運用管理の大要については、病院の運営管理に携わるものとしては知っておくべき事項である。
　なお、行政手続における特定の個人を識別するための番号の利用等に関する法律(マイ

ナンバー法）に基づき、2015（平成27）年にはすべての住民（外国人を含む）に個人番号（マイナンバー）が通知された。これは税や社会保障などの「行政手続」に用いるためのものであって、同法15条によって、目的以外でマイナンバーを取得することは禁止されている。このため、保健・医療・福祉施設が連携するための個人特定には、マイナンバーとは別の「医療等ID」を運用する方向で検討が進められている。

このようにマイナンバーや「医療等ID」には慎重な取り扱いが不可欠であることから、医療機関のなかでも、ルールづくりなどの組織的な対応が求められる。

▌（2）人的安全対策

人的安全対策については、人事管理と密接なつながりがある。「最小限のガイドライン」では、個人情報の安全管理が適切に実施されるようにするだけでなく、その実施状況の監督も求めている。まずは、「法令上の守秘義務のある者以外を事務職員等として採用するにあたっては、雇用及び契約時に守秘・非開示契約を締結すること等により安全管理を行うこと」である。

医師をはじめとする医療職は刑法などで生涯にわたって守秘義務が課されており、違反すれば罰則の適用がある。しかし、事務職員の場合は患者の秘密を漏らしても、公務員等の場合を除き、法令上の罰則は生じない。過去に、患者の情報を守ることが職務である診療情報管理士がインターネット上に患者の個人名等を漏えいさせた事例があったが、その際も刑事上の処分は行われていない。そのためガイドラインでは、退職後も含めた形で民事上の法的担保を取る必要があることから、「守秘・非開示契約（NDA：Non-Disclose Agreement）」の締結を求めている。

実務上は、個人情報保護に関する誓約書等を徴することでも担保が可能であるが、労働基準法第16条では従業員と「損害賠償額を予定する契約」を結ぶことを禁じているので、過度な文言を記載すると逆にNDAの効力に疑義が生じかねない。したがって、NDAの文言については、社会保険労務士等の専門家に相談することも有益である。

もう１つ重要な人的安全対策は、「定期的に従業者に対し個人情報の安全管理に関する教育訓練を行うこと」である。これまで病院で発生した個人情報漏えい事故の多くは、職員のルール違反や知識不足といった初歩的なものであるから、教育訓練は実効性のある対策である。個人情報保護法の要点や、病院情報システムの安全な運用などを体系的に学習するツールとしては、日本医療情報学会が2014（平成26）年に公表した「病院情報システムの利用者心得」（解説書）があるので、積極的に活用されたい。

4　物理的安全対策および技術的安全対策

▌(1)物理的安全対策

　物理的安全対策とは、その名の通り、次に挙げる3つを行うことである。
①入退館(室)の管理(業務時間帯、深夜時間帯等の時間帯別に、入室権限を管理)
②盗難・窃視等の防止
③機器・装置・情報媒体等の盗難や紛失防止も含めた物理的な保護及び措置
　現実的な課題として、病院におけるコンピュータの盗難事故は珍しいものではない。その際、情報機器が失われることよりも、そこに残されている個人情報が問題になってくる。また、医療以外の分野では委託業者によって数万人単位の個人情報が漏えいした事例があったことなどを踏まえれば、部門システムのサーバーが置かれている検査部門や画像検査部門等への入退室も、その履歴が残る仕組みを構築してくことが必要だ。これらは、システムを管理している医療情報部門、病院の警備を担当する総務部門等で協議し、実効性のある物理的安全管理措置をつくり上げていくことが望まれる。

▌(2)技術的安全対策

　技術的安全対策としては、次に挙げる6つを検討することが求められている。
①利用者の識別および認証
②情報の区分管理とアクセス権限の管理
③アクセスの記録(アクセスログ)
④不正ソフトウェア対策
⑤ネットワーク上からの不正アクセス
⑥医療等分野におけるIoT機器の利用
　技術的安全管理対策は特に専門性が高いので、多くの場合、医療情報部門からの提案に沿って進めていくことになるだろう。そこで、医療経営に携わるものとして特に知っておくべき点を2つ挙げておく。
　1つは、アクセスログを監査する必要性である。例えば、著名人や職員などが入院したときに、業務上の必要がない職員が傷病名や検査結果などを参照していないか、定期的に確認することが望まれる。このような監査は不正摘発の目的で行うよりも、病院組織が情報セキュリティに関心を持っているというメッセージを職員に発し、もって自主的に適切な運用が行われるよう促すことに意味がある。
　もう1つは、ウイルス対策をはじめとする不正ソフトウェア対策である。多くの病院は、漏えい等を防止するために、電子カルテシステムのネットワークをインターネット網に接続していない。しかしながら、それゆえにWindows等のオペレーションシステムや、ウ

イルス対策ソフトが最新版に更新されていなかったり、セキュリティ上の脆弱点が放置されたままになっている事例もみられる。クローズドなネットワークであれば安全ということは決してないので、然るべき対策を講じていくよう維持経費を見込んでおくことが望まれる。

---

5 外部監査等

　情報セキュリティに関しては内部監査を行うとともに、外部監査を行うことも有用である。国際的な規格としてはISMS（Information Security Management System：情報セキュリティマネジメントシステム）があり、国内で医療に特化したものとしては一般財団法人医療情報システム開発センターが行っている「医療情報システム安全管理評価制度」が存在する。これらは義務ではないが、医療機関における情報の取り扱いが安全であるか、第三者の視点でチェックできるものである。

　いずれにせよ、情報技術が加速度的に発展していくことが明らかである以上、情報セキュリティの確保に終わりはない。PDCAサイクルを回しつつ、常に改善に努めていくことが安定的な病院経営を行ううえで極めて重要である。

災害への備えと事業継続計画（BCP）

1　組織における危機管理の重要性

　経営においては、一般に意思決定とともにガバナンス・危機管理が重要とされる。危機管理のなかでは自然災害が比較的多いわが国において、災害への備えは欠かせない。
「備（そなえ）」とは、戦国時代の戦時に編成された部隊のことをいい、部隊には訓練された将兵と武器弾薬兵糧がある。すなわち、災害に備えるとは関係者を訓練し、必要な設備・消耗品をあらかじめ用意することである。
　災害訓練の要は、地震・雷・火事などの想定される災害のリスクを特定し、そのリスクに対して効果的に備えることである。しかし、先の東日本大震災で経験した通り、"想定外"の地震が津波、そして原発事故という未曾有の災害（一説によれば人災）を招き、今なお被災地が復興に努めているのは記憶に新しいところであり、リスクを特定する、あるいは実際に効果的に対応するには困難が伴うのは想像に難くない。では、いかに災害に備えていけばよいか、以下要点をまとめる。

2　リスクとリスクアセスメントとは

　組織が自らの目的達成の成否に不確かさをもたらす影響について、ここでは好ましくない影響だけでなく、好ましいものも含めてリスクという。リスク源、事象、それらの原因および起こり得る結果を特定することをリスク特定という。そして、リスクアセスメントはリスク特定をして、それを分析・評価することである。

3　災害対策と事業継続計画（BCP）の違い

　一般に災害対策の代表である防災訓練は、避難訓練を中心に計画・実施される。これは、人の命が最も大切であることからきている。それに対して事業継続計画（BCP：Business Continuity Planning）は、発災時の災害のインパクトを最小限にして可能な限り重要業務を継続しつつ、いかに早く正常な状態に復帰するかという観点で計画される。これは、社会インフラとしての医療サービスの重要性が一層増しているからである。

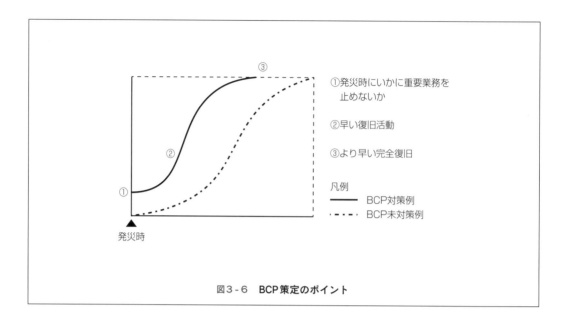

①発災時にいかに重要業務を
　止めないか

②早い復旧活動

③より早い完全復旧

凡例
　　　　BCP対策例
　　　　BCP未対策例

発災時

図3-6　BCP策定のポイント

　また、従来コンピュータシステムはいかに災害・障害時にシステムを回復するかといった DR（Disaster Recovery：障害復旧）の観点で整備されてきたが、むしろ災害時にこそ欠かせない医療サービスを止めない工夫、すなわち重要業務をいかに継続させるかといった、人の問題も含むより広範囲な計画としてのBCPが注目されている（図3-6）。

4　事業継続計画（BCP）の策定手順

　リスクを想定する方法は、シナリオベースプラニングとリソースベースプラニングに大きく分けられる。シナリオベースプランニングとは震度5強の地震が発生して、商用電源が停電したといったシナリオに基づいてリスクを洗い出していく方法であり、災害時をイメージしやすいというメリットがある。それに対して、リソースベースプランニングとは、インフラ・消耗品・スタッフ等が欠けた場合を想定してリスクを洗い出していく方法である。昨今の想定外の災害を経験するにつれ、リソースベースプランニングのほうが網羅性が高いと考えられている。その理由としては、BCPは作成して終わりではなく見直しが必要であるが、シナリオベースプランニングは見直す動機を持ちにくいこと、そもそも想定通りに災害が起こらないことの2つが挙げられる。

　次に、BCP策定手順の一例を示す。

Step 1　重要業務をリストアップする
Step 2　重要業務が停止した場合の影響を検討する
Step 3　重要業務の優先順位を決める
Step 4　重要業務のリスクを洗い出す

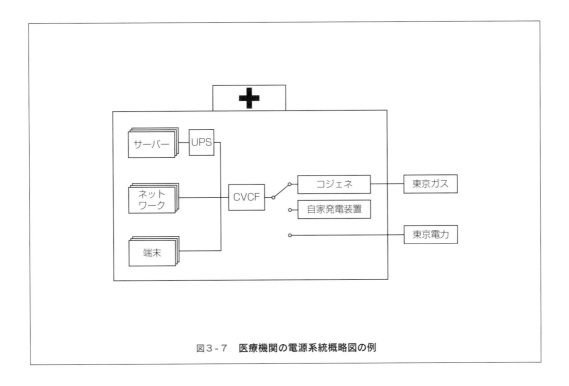

図3-7 医療機関の電源系統概略図の例

Step 5 対処しなければならないリスクの優先順位を決める

Step 6 院内のリソース（ヒト・モノ・カネ・情報）のリスクを洗い出す

Step 7 Step 5とStep 6で作成したものを関連づけ、表にまとめる

Step 8 発災時からの時間軸を考慮したBCPを作成する

Step 9 定期的に見直しをする

　なお、Step 8の時間軸を考えるうえで次の2つのポイントがある。

・RTO（Recovery Time Objective）：目標復旧時間

・RLO（Recovery Level Objective）：目標復旧レベル

　つまり、いつまでに（RTO）、どのレベル（RLO）まで復旧するか。停電のリスクを軽減、あるいは回避するために燃料の備蓄などを行うのかどうかといったことを検討することになる。

　図3-7に、ある大学附属病院の電源系統概略図の例を示す。電力の供給源は、天然ガス、重油、そして電力の3系統を持っている。さらに変電所等への落雷による瞬低（0.1秒程度のほんのわずかな時間に電力が落ちた状態）・停電対策としてCVCF（Constant Voltage Constant Frequency：定電圧定周波数装置）、電力の復旧が大きく遅れるような最悪の場合に備えて、サーバーを正常に停止できるようUPS（Uninterruptible Power Supply：無停電電源装置）を経由させ、すべての電源喪失時にサーバーをシャットダウンさせる命令

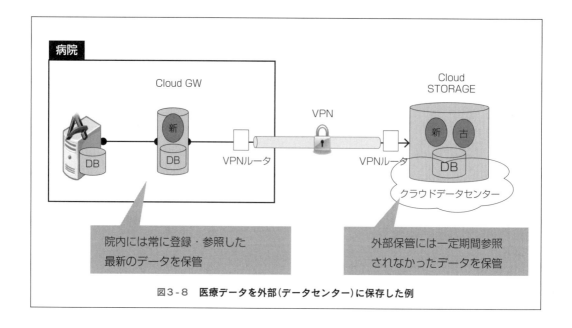

図3-8　医療データを外部（データセンター）に保存した例

を出すような仕組みをとるなど、何重もの対策を講じている。

　コジェネは、天然ガス等をエネルギー源に使用して発電し、その際に生じる排熱を同時に回収する仕組みのことである。コジェネに使用する天然ガスは中圧ガス導管で供給されており、東日本大震災クラスの大地震にも十分耐えられる構造となっている。

　また、自家発電に使用する重油も特約契約しており、優先的に供給されることになっている。このような対策を講じてもリスクがゼロになることは決してないが、それぞれのリソースの因果関係、そしてリスクが明確であり、想定外を想定内に納めるようシンプルにして可視化している。

　また、図3-8は、データセンターを活用したハイブリッドクラウドによるデータ保存の例である。これは同じ大学の別の附属病院の事例だが、万が一建物に損壊が生じてもデータを失うことがないよう、外部保存（クラウド）として二重に保管する試みを開始しているところである。このように、同じ法人の附属病院であっても、取り巻く環境、想定されるリスク、そして対処しなければならない優先度の観点から対処は自ずと異なる。

　同様の事例としては、距離の離れた2つの病院が協力し、互いにバックアップデータを持ち合うような例がある。すなわち、A病院のバックアップデータをB病院が、またB病院のバックアップデータをA病院が持つような方法である。

　さて、ISO23301事業継続マネジメントがグローバルスタンダードとして定められたところだが、根幹はPDCAサイクルであり、PDCAサイクルを回すことによる改善活動が欠かせないことはいうまでもない。

　図3-9は、失敗学を提唱している畑村洋太郎教授の著書『未曾有と想定外―東日本大

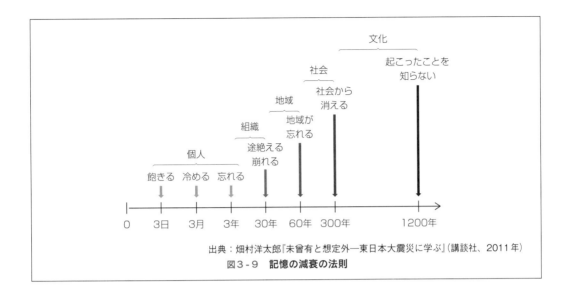

出典：畑村洋太郎『未曾有と想定外―東日本大震災に学ぶ』（講談社、2011年）

図3-9　記憶の減衰の法則

震災に学ぶ』で紹介された記憶の限界の法則である。個人は3年で忘れ、組織は30年で途絶える。そのようななかで災害はいつ起こるかわからない。明日かもしれないし、数百年後かもしれない。組織がレジリエンス（復活力）を発揮して想定外を想定内にするには、シンプルな計画で定期的に構成員を惹起させる仕組みが欠かせない。組織は継続性を要するものであり、いついかなるときでも災害が生じた場合に効果的に対処して、社会の公器としての使命を果たさなくてはならない。そのためにも記憶を継承する仕組みが重要になる。

5 ICTシステムの評価

1 導入のコストと目的

　病院で利用される医療ICTシステムは一般的に非常に高価である。特に導入するシステムが電子カルテになると、いわゆる「電子保存の3基準(原則)」を確保しなければならないため、さらにコストがかかる。単年度医業収入当たりのシステム導入・保守費用は、平均2.6％程度といわれている(厚生労働省「医療のIT化に係るコスト調査報告書」2006年)。

　このように金銭的・人的コストの大きいシステム導入であるが、システムはあくまで道具であり、その導入は目的ではなく手段に過ぎない。よって、単にコストを下げるという視点ではなく、導入のコストが目的に見合ったものでなければならない。本節では、システムを適切に評価することでその導入が病院の業務改善などに貢献できるよう、次の5つのポイントに沿って解説する。

（1）目的を明確化しよう
（2）影響する範囲を予測しよう
（3）評価をしよう
（4）アンケート調査をしよう
（5）評価を改善に結びつけよう

2 適切に評価するための5つのポイント

（1）目的を明確化しよう

　車で移動する際に目的地が必要なように、病院における医療ICTシステム導入時にも目的を明確にする必要がある。病院は、入院や外来で患者の診療にあたる診療科のほか、看護部門、事務部門、検査部門や薬剤部門などに代表される中央診療部門など、多くの部門が存在し、医師や看護師をはじめとするさまざまな職種の職員がそれぞれの役割を担うとともに、お互いに連携して患者の診療にあたっている。そのためシステムを導入する目的も多岐にわたる。

　厚生労働省が2009(平成21)年3月にまとめた「病院におけるIT導入に関する評価系」[※4]

によると、病院におけるシステム投資の目的は次の①〜⑯に大まかに分類される。

①事務職員による事務作業の効率化

②経営指標の把握

③人事管理

④患者待遇の向上(待ち時間、予約の簡便さ等の事務待遇面)

⑤患者情報提供サービスの向上(説明、インフォームドコンセント等の情報提供)

⑥医療安全管理

⑦医療従事者の業務改善

⑧医療従事者の情報へのアクセス向上

⑨医療従事者の情報共有強化(チーム医療の向上)

⑩他施設との医療等の連携改善

⑪医薬品、医療材料の院内ロジスティック改善

⑫医薬品、医療材料の調達改善

⑬情報管理の改善

⑭省スペース

⑮研究への貢献

⑯教育への貢献

　さて、目的を達成できたのか、達成できていない場合はどの程度の差が残っているのか、どうやって知るのだろうか。車の移動であれば「××(目的地)まであと○○km」といった標識を見ることによって知ることができるであろう。システム導入でもこれに相当するもの、つまり客観的に評価できる指標の導入が重要である。例えば、医療安全管理を目的とする場合、「病院におけるIT導入に関する評価系」では次のような指標を挙げている。

①誤投薬の頻度(10,000処方当たりの誤投薬数)

②不適切な処方の頻度

③禁止事項の誤認識頻度

④不適切な記載によるインシデント数

⑤転記ミスによるインシデント数

⑥異常値の見落とし、必須の予定の指示忘れの頻度

　同じ医療安全管理を目的としても、病院によって上記とは異なる指標を選ぶ場合もあるだろう。指標は絶対的なものがあるわけではなく、病院によって適切なものが変わる。大切なのは、目的との距離を測る客観的な指標を事前に決めておくことである。

　「病院におけるIT導入に関する評価系」にもさまざまな指標が示されているが、医療の質の向上を目的とする場合は、クオリティインディケーターの導入を検討しても良い。公益財団法人日本医療機能評価機構によって開設された「医療の質指標ポータルサイト」[5]

※4　厚生労働省「病院におけるIT導入に関する評価系」

によれば、クオリティインディケーターは「医療の質を定量的に表現しようとするもので、医療の質改善のためのツール」とされており、団体として複数の病院で共同して取り組まれているものや、個々の病院で独自に取り組まれているものなど、多くの取り組みが指標の定義やその結果とともに公開されている。そのため、他の病院との比較も可能になることがクオリティインディケーターによる評価の利点である。

　なお、患者満足度など客観的なデータの取得が難しい指標の場合、アンケートによって数値化されたデータの利用も検討する。

■（2）影響する範囲を予測しよう

　病院情報システムとは「病院を構成する部門を結んで、病院の業務を支援するコンピュータシステム全体のことと捉えることができる」[6]とされている。病院を構成する部門ではそれぞれの部門の業務に応じたシステムが導入されるので、病院情報システムは「病院のさまざまな場所で利用される、連携して動作する一連のコンピュータシステム群」であるといえる。

　X線撮影検査を例とすると、少なくともオーダエントリシステム、放射線部門システム（RIS）、PACS、医事会計システムが連携して、次のように動作する。

①オーダエントリシステムよりX線撮影検査をオーダ（依頼）する。オーダは放射線部門システムに伝達される

②オーダに従って放射線部門でX線撮影検査が実施される。その状況は放射線部門システムで管理される

③X線撮影検査の結果はPACSに転送・蓄積され、参照される

④X線撮影検査の実施情報は医事会計システムに伝達され、患者の診療報酬に反映される

　ここでPACSを新たに導入する場合、影響はPACSにとどまらず、連携するオーダエントリシステム、放射線部門システム、医事会計システムにも及ぶ。つまり、それぞれのシステムを利用する部門や職員にとって業務が改善される場合もあれば、マイナスの効果を与える可能性もある、ということである。したがって、明確化された目的だけでなく影響が及ぶ範囲も含めて評価しなければ、病院にとってのシステム導入の効果を総合的に評価できない。

　では、影響が及ぶ範囲はどのようにして予測すれば良いのだろうか。「病院におけるIT導入に関する評価系」では、参考資料として別表1「医療情報システム及びその機能と、導入目的」を掲載しており、「この表にある機能の実現を確認することにより、導入したシステム、或いは導入予定のシステムの期待される効果が推定できる」としているので、参考

※5　医療の質指標ポータルサイト
※6　松村泰志：1章　病院情報システム．現代電子情報通信選書『知識の森』医療情報システム（黒田知宏監修，電子情報通信学会編）．東京：株式会社オーム社，2012：1-16.

表3-2　医療情報システム及びその機能と、導入目的（抜粋）

システム名	システムの機能	目的
処置に関するシステム	処置の指示登録	医療従事者の情報共有強化
	処置の準備	医療従事者の業務改善
	処置の実施記録登録	医療従事者の情報共有強化
	医事請求業務の自動化	事務作業の効率化・確実性

出典：厚生労働省「病院におけるIT導入に関する評価系」

にすると良いだろう。別表１の例として「処置に関するシステム」について抜粋したものを示す（表3-2）。この表より、例えば「処置の指示登録」機能の導入によって、「医療従事者の情報共有強化」が期待される、すなわち影響を受けることがわかる。

▌（3）評価をしよう

　目的が明確になり、影響する範囲が予想できたら、システム導入の前後で実際に評価をすることになる。

①システム導入前

　まず、システム導入前に指標を評価する。この評価がシステム導入によって目的が達成できたかどうかを判断するための基準となる。

　さて、システム導入が決まってから指標を評価することで良いのだろうか。理想的には、システム導入計画の有無に関係なく日頃から常に指標を評価し続け、そこで問題が発見されたため解決策としてシステム導入を計画する、といった流れが望ましい。

②システム導入後

　システムは運用ルールを定めたうえで、その運用ルールに従って利用する必要がある。つまりシステム導入とは「システム＋運用ルール」を導入することである。したがって、システム導入の前後で職員の動き方が大きく変わることも多い。そのため、システム導入にあたっての操作訓練が不十分だった場合などにおいては、システム導入直後に目指した効果が得られないことも多い。システムの効果が発揮されるのは職員による運用がスムーズであることが前提であるため、システム導入の成果は、職員による運用が安定した段階での指標の評価によって判断することになる。

　それでは、システム導入後の評価はどの段階ですることになるのだろうか。ある病院で導入された電子カルテについて、導入した年度は病床利用率などいくつかの指標は下がったが翌年度からは導入前を上回った、といった例も見られる[7]。また、職員の異動が多

※7　阿曽沼元博：厚生労働科学研究費補助金医療技術評価総合研究事業「電子カルテシステムが医療及び医療機関に与える効果及び影響に関する研究」平成15年度-16年度総合研究報告書

い4月には利用に不慣れな職員が多くなるなどといった季節的な変動もある。可能な限り継続して定期的に指標を評価し、その値と傾向から総合的にシステム導入の効果を判断すべきであろう。継続した定期的な評価は、新たな問題の早期発見とシステム導入・改善による早急な問題解決といった理想的な状態でのシステム利用にもつながる。

■ (4) アンケート調査をしよう

さて、「影響する範囲を予測しよう」でも述べた通り、病院内では多くのシステムが連携・動作して病院業務を支えている。最近は情報技術の進歩や情報共有の推進によりシステム間の連携が高度に複雑化している。そのため、あるシステムや機能の導入が結果として予想外の影響をもたらす可能性も高い。このような予想外の影響を知るために実施するのが病院の全職員に向けた、場合によっては患者も含めた広い範囲を対象とするアンケート調査である。

予想外の問題を拾い上げることを目的としたアンケート調査の場合、調査票の自由記載欄への記述にこそ価値がある。一方、自由記載欄に記述させることは一般的には簡単なことではない。全体的に簡素なアンケートとし、自由記載欄に記載を促すようなアンケートづくりを心がけたい。

■ (5) 評価を改善に結びつけよう

最後に行うべきことは、得られた評価を改善に結びつけることである。「評価をしよう」でも述べた通り、システムの導入とは「システム＋運用ルール」を導入することである。したがって、システムを改善すべきなのか、または運用ルールを見直すべきなのか、あるいはその両方なのかを判断したうえで、慎重に改善を進めていくことになる。

特に、運用ルールの見直しは費用をかけることなくできるため手軽に着手できる改善ではあるが、行き過ぎると職員に「システムに使われている」といった印象を与えかねない。システムを利用する職員と十分にコミュニケーションを取りながら丁寧に見直していかなければならない。

では、別のシステムや機能を加える場合はどのようにすれば良いのだろうか。「病院におけるIT導入に関する評価系」では別表2「医療情報システムの導入目的と、選択すべきシステム及びその機能・期待される効果」として「達成したい目的毎の選択すべきシステムと、そのシステムによって達成されうる機能及び期待される効果」についての対応表をまとめているので、参考とされたい。例として「患者情報提供サービスの向上」について抜粋したものを示す（表3-3）。「患者情報提供サービスの向上」といった目的を達成するためには、「ベッドサイド端末」をはじめとして7つのシステムに効果が期待されることがわかる。目的に対してまだ導入されていないシステムや機能がある場合は、それらを加えることを検討しても良いだろう。

表3-3　医療情報システムの導入目的と、選択すべきシステム及びその機能・期待される効果（抜粋）

情報化の目的	システム名	システムの機能、及び期待される効果
患者情報提供サービスの向上	内外用薬に関するシステム	薬品情報の提供
	ベッドサイド端末	治療・検査の説明の閲覧
		診療計画の閲覧
		診療予定の閲覧
		選択食の選択
	検体検査に関するシステム	検査結果の出力
	生理検査に関するシステム	検査説明書の出力
		検査レポート、画像の出力
	超音波検査に関するシステム	検査説明書の出力
		検査レポート、画像の出力
	内視鏡検査に関するシステム	検査説明書の出力
		検査レポート、画像の出力
	放射線検査に関するシステム	検査説明書の出力

出典：厚生労働省「病院におけるIT導入に関する評価系」

　最後に、忘れてはならないのが「様子を見る」という選択肢の存在である。もしかしたらまだシステムの運用が安定していない段階なのかも知れない。「評価をしよう」でも述べた通り、総合的にシステム導入の効果が判断できるまで継続して定期的に評価を続けよう。

問題 1　安全管理対策に該当するのはどれか。

[選択肢]

①運用管理規程を策定する

②アクセス履歴の監査を行う

③ログイン時に静脈認証を要求する

④新入職職員を対象とした研修を行う

⑤ノートパソコンを盗難防止ワイヤーで繋ぐ

確認問題

①

①安全管理を行う組織体制、責任、権限などを明確にすることを指し、具体的には運用管理規程を定めることが必須とされている。

②技術的安全対策にあたる。

③技術的安全対策にあたる。

④人的安全対策にあたる。

⑤物理的安全対策にあたる。

問題 2　BCP対策基準の策定において、最初に行うべきものはどれか。

[選択肢]

①重要業務の優先順位を決める

②重要業務のリスクを洗い出す

③重要業務をリストアップする

④重要業務が停止した場合の影響を検討する

⑤対処しなければならないリスクの優先順位を決める

確認問題

解答 2

③

正しい順番は、③ → ④ → ① → ② → ⑤ である。

解説 2

BCPでは、著しくリソースが限られているため全ての業務を実行することは不可能と考える。このため「重要かどうか」よりも、「停止した場合の影響が大きいか」を軸に考える(重要であっても後回しにできる業務は、後回しにする)。この判断をするためには、重要業務のリストアップから始める必要がある。

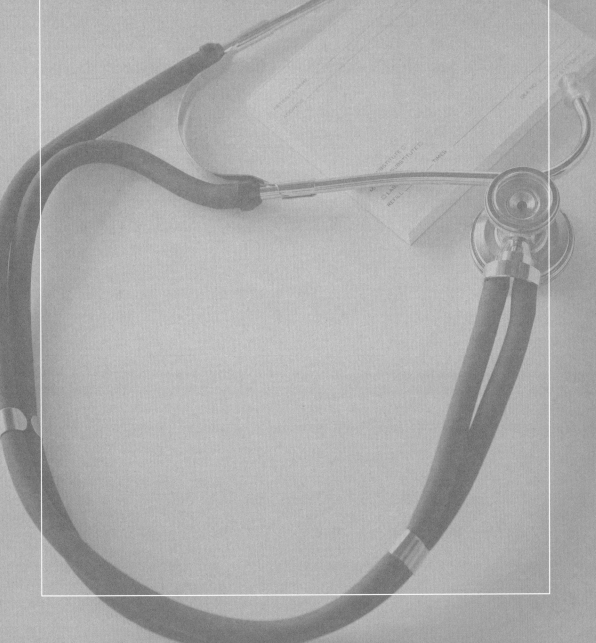

第4章
医療ICTと保健・福祉の連携

1 保健・医療・福祉分野のICT戦略
2 予防医療を支えるICTシステム
3 医療機能分化と地域医療連携情報システム
4 在宅医療・介護支援システム
5 PHR (Personal Health Record) の展開

1 保健・医療・福祉分野のICT戦略

1 医療ICTシステムの発展段階

　医療ICTシステムは、病院の医事会計を支援することから始まった。徐々に範囲が広がってくると、院内だけを情報化するだけでは十分とはいえなくなってくる。特に、高齢化の進展に伴って医療費が増大する現状を鑑みると、疾病の発生を予防する保健分野（一次予防）や、疾病によって損なわれた日常生活能力を取り戻したり、生命・生活の質（QOL：Quality of Life）を向上させるリハビリテーションや福祉の分野（三次予防）がより重要になってくる。

　したがって、医療ICTシステムの守備範囲も、病院情報システムに限るのではなく、保健・福祉分野の情報システムまで含めて考えることが相当である。このように多段階で医療ICTシステムをとらえるという考え方は、以前から提唱されていた。保健医療福祉情報システム工業会（JAHIS）では、電子カルテの概念を整理するなかで最小単位が検査部門システム等の「部門システム」であったのに対し、もっとも大きい単位は保健・福祉分野まで含むものと考えていた（表4-1）。

　今日では、「レベル1」に相当するものは部門システムと呼ぶことが一般的であるし、「レベル4」や「レベル5」に相当するものは電子カルテを超えて「地域医療連携情報システム」と呼ばれる。したがって、その中間にあたるものを電子カルテシステムやオーダエントリシステムと呼ぶことが一般的になってきた。

　医療保険制度を軸に運営されている医療サービスに対し、保健や福祉はそれぞれ異なる制度のもとで運営されている。したがって、保健・福祉分野の情報システムについて、まずは単独のものとして開発・運用され、そのうえで、連携できる分野については段階的に接続し、最終的には統合された医療ICTシステムとして稼働することになるだろう。

2 医療のパラダイムシフトとICT政策の変遷

▎(1)医療・健康・介護・福祉分野の情報化グランドデザイン

　わが国の医療ICTを推進する政策的な背景が、2001（平成13）年の経済財政諮問会議「経

表4-1　JAHIS電子カルテの段階別定義(当時)

レベル	具体的システム化	コメント	現時点での システム名称 (筆者加筆)
レベル1	部門内において電子化された患者情報を扱うレベル	例えば、医事システムや検体検査システムなどの部門システムは稼動しているがその連携は紙の伝票で行われているケース。	部門システム
レベル2	部門間をまたがる電子化された患者情報を扱うレベル	医事システム・薬剤システム・検体検査システム・給食システムなどの部門システムが少なくともシステム化され、医師入力のオーダリングが実施されているケース。 このレベルも他のオーダ種別や他部門のシステム化の有無などにより、レベル間に差がある。	オーダエントリシステム (オーダリングシステム)
レベル3	一医療機関内の(ほとんど)全ての患者情報を扱うレベル	一般的に電子カルテシステム導入といわれるレベルで、フルオーダ及びほぼ全部門のシステム化が行われ、紙のカルテや看護記録、画像情報が電子化されている。 また厚生労働省が求めている3原則に対する対応も出来ていることが必要である。	電子カルテシステム
レベル4	複数医療機関をまたがる患者情報を扱うレベル	電子カルテシステム化された医療機関と、例えば地域の診療所とが紹介状やカルテ情報のやり取りやインターネットなどを介した予約システムが行える。	地域医療連携情報システム
レベル5	医療情報のみならず、保健福祉情報も扱うレベル	一般病院と長期療養系の病院、更には介護老健設などの福祉施設などとも情報連携が出来ている。また健診情報との連携や患者宅との連携までも視野にいれたネットワークシステム。	

出典：阿曽沼元博：厚生労働科学研究費補助金医療技術評価総合研究事業
「電子カルテシステムが医療及び医療機関に与える効果及び影響に関する研究」平成15年度－16年度総合研究報告書を一部加筆

済財政運営の基本方針(骨太の方針)」や高度情報通信ネットワーク社会推進戦略本部(IT戦略本部)「e-Japan戦略」にあり、そこでの要点が医療費の適正化にあったことはすでに述べた。ただ、この時点では病院内でのIT化を重点目標に掲げていたので、同年に厚生労働省が公表した「保健医療分野の情報化にむけてのグランドデザイン」においても、地域医療連携情報システムに関する達成目標は設定されなかった。

　その後、2006(平成18)年には「e-Japan戦略」を受け継いだ「IT新改革戦略」が策定され、前述のグランドデザインについても当初の計画期間が終了したため、新たな医療IT化の政策パッケージを見直しすることとなった。そこで、厚生労働省は2007(平成19)年に「医療・健康・介護・福祉分野の情報化グランドデザイン」を公表した。同グラインドデザインの工程表では情報化を加速するために、次の7つの取り組みを掲げた。

①医療機関の情報連携のための標準化

②個人情報の安全な取扱いについての取組

③健診結果等の収集、活用方策等についての取組

④レセプトデータの収集・活用方策等についての取組

⑤データ分析のための用語体系の開発

⑥障害福祉サービスに係る事業者の請求事務の効率化

⑦介護給付適正化システムの見直し

　ここでは、特に医療経営との関係が深い部分について詳述する。

　①については、「医療情報システムの相互運用性の確保(オンラインでの相互運用性検証の仕組みの構築・結果公表)」を2007～2008(平成20)年度に行ったうえで、2011(平成23)年度を目途に「地域における医療機関間の情報連携」を進めることとなった。こうして、わが国の医療IT化も病院内を中心としたものにとどまらず、地域での施設間連携に広げていくという方向性が明確になった。

　②については、2005(平成17)年に個人情報保護法が施行されたこともあり、「医療情報システムの安全管理に関するガイドライン」が公表されるなど、情報セキュリティを高めるための施策も前進した。

　③については、2008年に老人保健法が後期高齢者の医療の確保等に関する法律と改称され、特定健康診査や特定保健指導が開始されたこととあわせて、情報化が大幅に進展した。具体的には健診に関するデータを標準的なフォーマットで分析する仕組みなどが構築されたが、詳細は次節を参照されたい。

■（2）i-Japan戦略2015

　政府のIT戦略本部は2009(平成21)年7月に、「i-Japan戦略2015」を公表した。この時期、わが国では医師不足が社会問題化し、2008年には国公立大学の過半数が卒業後に当該県内での勤務を義務づける「地域枠」を設けるなど[※1]、医師確保のための対策が急務となった。また、薬剤師や看護師の不足も深刻となり、これらを解決するための業務の再構築(BPR：Business Process Re-Engineering)が議論されるようになった。

　このため「i-Japan戦略2015」では、遠隔医療の推進など「地域の医師不足等の医療が直面する問題への対応」と、「日本版EHR(仮称)の実現」を二本柱に掲げ、処方せんの電子化や医療・介護分野に係るID基盤の構築などを2015(平成27)年までに行うことが明記された。しかし、2009(平成21)年8月には政権交代が起きたため、「i-Japan戦略2015」に基づく保健・医療・福祉分野での「グラインドデザイン」が策定されることもないまま、根本的な見直しを余儀なくされた。

※1　朝日新聞デジタル版：「医学部『地域枠』広まる　地元学生で医師不足解消を狙う」(2007年12月18日号)

(3) 新たな情報通信技術戦略

新政権のもと、2010 (平成22) 年5月にはIT戦略本部が「新たな情報通信技術戦略」を公表した。ここでは、「今回の情報通信技術戦略 (IT戦略) は、<u>過去のIT戦略の延長線上にあるのではなく</u>、新たな国民主権の社会を確立するための、<u>非連続な飛躍を支える重点戦略</u> (3本柱) に絞り込んだ戦略である」と明記された (下線は引用者による)。ここでは、「地域の絆の再生」の一環として、医療分野の取り組みを4つ掲げた。

① 「どこでもMY病院」構想の実現
② シームレスな地域連携医療の実現
③ レセプト情報等の活用による医療の効率化
④ 医療情報データベースの活用による医薬品等安全対策の推進

このうち②〜④については、既存の医療IT政策と実質的には同じである。しかし、①の「どこでもMY病院」については、患者自身が医療・健康に関する情報を管理するという特徴的なコンセプトがある。詳しくは第5節で後述する。

(4) 世界最先端IT国家創造宣言

「新たな情報通信技術戦略」が公表されてから10か月後の2011年3月には東日本大震災が発生し、医療ICTシステムでも災害時のデータ損失に備えることが喫緊の課題となった。また、2012 (平成24) 年12月には再び政権交代が起こり、あらためて2001年の「e-Japan戦略」からの連続性を踏まえたうえで、震災復興や災害対策という視点を強化したIT政策が練り直されることになった。そして、2013 (平成25) 年6月には「世界最先端IT国家創造宣言」が閣議決定された。この「世界最先端IT国家創造宣言」において、医療分野は「健康で安心して快適に生活できる、世界一安全で災害に強い社会」を実現する取り組みのなかに位置づけられている。ここで特徴的なのは、「健康長寿社会」という概念を提唱していることである。これは、「国民が長く健康で自立して暮らすことができる社会」と定義されている (図4-1)。

この宣言では「国民一人一人」に対して医療ITの有効性を理解するよう求めており、最終的に目指すものも「世界最高水準の健康寿命」であると明記している。

(5) 健康・医療戦略とICTシステム

このような政策パッケージを積み重ねる中で、2014 (平成26) 年には、「健康・医療戦略」が閣議決定された。その後、2017 (平成29) 年、2020 (令和2) 年と改訂されて現在に至っている。

同戦略のねらいは、「世界最高水準の技術を用いた医療の提供への寄与」「経済成長への寄与」の二本柱である。すなわち、国民の健康に貢献することは当然のこととして、それ

を成立させるためにも輸出を通して経済成長に資することを目指したものである。

ここでの「世界最高水準の技術」にはもちろんICTも含まれており、これは単に業務を効率化するだけでなくイノベーションの社会実装という位置づけになっている。

（イノベーションの社会実装）

●データ等を活用した予防・健康づくりの健康増進効果等に関するエビデンスを確認・蓄積するための実証を行う。（総、厚、◎経）

●生活習慣病等との関連について最新の科学的な知見・データを収集し、健診項目等の在り方について議論を行う。また、特定健診については実施主体である保険者による議論も経て、健診項目等の継続した見直しを行う。（総、◎厚）

●ICT、AI、ロボットなどの新たな技術の医療・介護現場への導入やヘルスケアサービスへの実装を図る。（総、文、◎厚、経）

●ICT 等を活用した医療機器に関して、引き続きサイバーセキュリティの確保のための対策や、新たな技術を活用した医療機器の効率的な開発にも資する有効性・安全性等の評価手法の策定を行う。（◎厚）

●ウェアラブル端末などのIoT機器を健康増進に活かすべく、安全性や機能等の評価手法の策定を行う。（◎経）

●データの連携・利活用を通じ、医薬品、医療機器、公的保険外サービスの分野を超え、アウトカムの向上を目指すパッケージ型ヘルスケアソリューション23の創出を支援する取組を強化する。また、ヘルスケアデータ23を活用した民間サービスの創出に向けて、事業者等に求められる要件（セキュリティ等）、データの相互運用性や標準化の検討など、必要な基盤整備を進める。（総、◎経）

健康・医療戦略（2020年版）において医療ICTに期待されている役割

※囲み中の総、厚、経、文はそれぞれ総務省、厚生労働省、経済産業省、文部科学省の略称を表し、◎は本戦略に基づき行うフォローアップにおいて、その項目の取りまとめを行う主管府省を指す

　内閣官房健康・医療戦略室の説明資料でも、健康・医療戦略が閣議決定される前の2013（平成25）年の時点では「ICTを使って、効率的・効果的な健康・医療サービスを提供します」という控えめな表現であった。しかし、今やAIやロボットを含む従来にない形での保健・医療・福祉サービスの形を模索する方針が明確になっており、これを裏打ちするような人工知能を活用した研究開発が、日本医療開発研究機構（AMED）などの舵取りで進められている。

　これらの政策パッケージは数年ごとに見直しされているものの、医療ICT政策が経済財政政策に依拠している点は、2001（平成13）年の「骨太の方針」から一貫している。この点を理解してくことが、医療ICT政策の将来展望においては欠かせない。

② 予防医学を支える ICTシステム

1 予防医学の実践を広げるICTのポテンシャル

　予防医学という言葉は決して新しいものではないが、ICTシステムという手段が発達することによって、予防医学の実践(すなわち予防医療)が徐々に変化している。

　まず、予防医学は一次、二次、三次に分かれており、日本学術会議は予防医学研究連絡委員会報告として次のように定義している[※2]。

> 　①一次予防とは、いわゆる健康な時期に、栄養・運動・休養など生活習慣の改善、生活環境の改善、健康教育等による健康増進を図り、さらに予防接種による疾病の発生予防と事故防止による傷害の発生防止をすることである。
>
> 　②二次予防は、不幸にして発生した疾病や傷害を検診等によって早期に発見し、さらに早期に治療や保健指導などの対策を行い、疾病や傷害の重症化を防ぐ対策のことである。
>
> 　③三次予防とは、治療の過程において保健指導やリハビリテーション等による機能回復を図るなど、QOL(Quality of Life)に配慮することによって再発防止対策や社会復帰対策を講じることである。

　ただし同報告書では、予防医学研究において利用できる資料・データとして掲げていたのは「既存の厚生・労働衛生・学校保健統計、特にそのデータベース」「がん・脳卒中などの疾病罹患登録データの利用」「保健診療レセプトの利用」「健康診断データの利用」であり、つまり電子カルテシステムなど病院情報システムのデータを活用することは想定されていなかった。当時、電子カルテシステムの普及率は5％にも満たない上に、厚生労働省標準規格なども整備されていないので、利用意向があるかは別として、現実的に「利用できるデータ」が揃っていなかったことは事実である。

　昨今、この利用できるデータが飛躍的に増え、そのためICTシステムを活用した予防医学の実践も大幅に拡大している。もちろん健診など一次予防は今後も重要であり、高齢者

※2　日本学術会議第7部予防医学研究連絡委員会：予防医学研究連絡委員会報告「次世代の健康問題と予防医学の将来展望」、2000年5月29日
http://www.scj.go.jp/ja/info/kohyo/17htm/1763z.html

医療確保法に基づく特定検診や特定保健指導はICTの存在が大前提になっている。これに加え、二次予防へのICT活用も急速に進んでいる。これには重症化に伴う医療費の急増も影響している。つまり、糖尿病が悪化して慢性腎不全になり人工透析を導入するような症例を減らせるのであれば、その医療費と比較してICT投資は少額なためである。さらには、リハビリテーションにVR(Virtual Reality: 仮想現実)を用いるなど三次予防にもこれらの技術が拡大されつつある。

2　特定健康診査・特定保健指導を支援するICTシステム

　健診データの処理にICTを活用すること自体は、特定健康診査(特定健診)や特定保健指導が始まる前から行われていた。これにより、誤診防止や診断のばらつきを減らす効果があることも、以前から指摘されていたことである[3]。

　2008(平成20)年にメタボリックシンドロームに着目した特定健診がはじまり、事業主だけでなく保険者が特定健診データを5年間保管することが義務づけられた(図4-1)。そこで健診実施機関、事業主、健保組合などが情報共有するための基盤として日本HL7協会と保健医療福祉情報システム協議会(JAHIS)が「健康診断結果報告書規格」を策定し、個々の検査項目のコードは日本臨床検査医学会が策定した「臨床検査項目コード(JLAC10)」を用いることとされた。

　また、これらのデータ交換に社会保険診療報酬支払基金(支払基金)を経由することで、支払基金に特定健診データを蓄積することが可能になり、さらに病院や診療所を受診して蓄積されたレセプトデータをもとに国単位での大規模なデータベース「レセプト情報・特

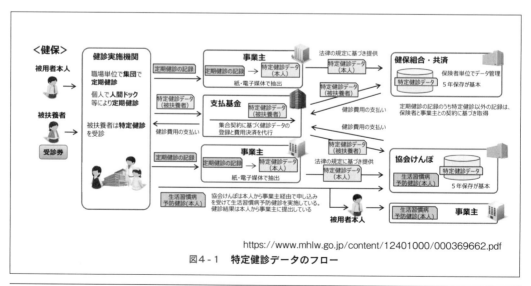

https://www.mhlw.go.jp/content/12401000/000369662.pdf

図4-1　特定健診データのフロー

※3　津村 宏、長尾 玲子：人間ドックシステムにおける知識処理の有効性に関する一評価, 医療情報学 1995；15(1), 23-29

定健診等情報データベース（NDB: National Database）」が構築された。NDBに蓄積されたデータの一部は、オープンデータとして公表されている。

　特定健診では、メタボリックシンドロームのリスクを基準化し、これを満たした数に応じて、「動機付け支援」もしくは「積極的支援」による特定保健指導を行うこととされた。まず、腹囲とBMI（Body Mass Index: 体重［kg］／（身長［m］）^{2}）で内臓脂肪蓄積のリスクを判定し、腹囲が一定の値（男性85cm以上、女性90cm以上）を超えたものを「内臓脂肪型肥満A」とする。また、腹囲がこの値を超えていなくてもBMIが25以上の場合は「内臓脂肪型肥満B」とする。

　その上で、健診結果・質問票を用いて次の項目を「追加リスク」にカウントする。

① 血糖：空腹時血糖値100mg/dl以上※　または　HbA1c 5.6%（NGSP値）以上
　※やむを得ない場合は、随時血糖値を用いることもできる。
② 脂質：中性脂肪150mg/dl以上　または　HDLコレステロール40mg/dl未満
③ 血圧：収縮期血圧130mmHg以上　または　拡張期血圧85mmHg以上
④ 喫煙歴：①～③を1つ以上満たす場合、喫煙歴も「追加リスク」の数にカウント

　内臓脂肪型肥満Aでリスクが1つの場合は「動機付け支援」、2つ以上の場合は「積極的支援」となる。また、内臓脂肪型肥満Bでリスクが1～2つの場合は「動機付け支援」、3つ以上の場合は「積極的支援」となる。

　動機付け支援、積極的支援とも、保健師や管理栄養士などが対象者の生活習慣を聞いた上で、その人の生活に合った改善方法を対象者とともに考え、個別指導やグループ指導を通じて支援していく点は同じである。ただし積極的支援の場合は、きめ細かく対象者に連絡を取り続けてモニタリングしていくのが特徴である。

　こうした保健指導において、ICTも大きな役割を果たしている。生活改善を支援する上で、体重などのデータを管理すること、これらのデータに基づいてメール等で対象者に連絡することには多大な作業負荷が発生する。こうしたデータの管理やメール発信などを支援するアプリケーションにより効率的な保健指導を実現できている[4]。

3　疾病管理を支援するICTシステム

　特定健診でメタボリックシンドロームに着目しているのは、内臓脂肪の蓄積が血管に負担をかけ、動脈硬化が進むことで心疾患や脳血管疾患などを惹き起こすリスクを高めるからである。すると、すでに高血圧症、糖尿病、脂質異常症などの基礎疾患を持つ患者は、リスクがいっそう高いことになる。

　このため、これらの基礎疾患を持つ患者に対しては、その重症化を食い止めるという二次の視点が重要になる。例えば診療報酬制度では「糖尿病透析予防指導管理料」が設けられ

※4　中川徹：特定保健指導を含めた生活習慣病改善支援マネジメント肥満研究2013; 19（2）: 95-100

ており、糖尿病患者の血糖コントロール（HbA1cなど）や腎機能（eGFRなど）のデータを管理しつつ指導を行うなど、特定保健指導とほぼ同じような情報管理と指導・支援のプロセスが発生している。受診の中断によって状態を悪化させる患者も多いことから、ときには受診勧奨も必要である。これらの重症化予防に必要な活動に、アウトカムを明確にして取り組んでいくことを疾病管理という。

　ただし、こうした疾病管理には患者が自らの健康状態を管理しようとすることが不可欠であるし、そこには自らの健康状態を示す様々なデータも含まれる。そこで、生活習慣病に関係する複数の学会と日本医療情報学会は合同で、この場面で最低限必要なデータ項目を「生活習慣病自己管理項目セット集」（図4-2）として定義している。

　これらのデータを作るためには、やはり標準化の視点が重要になる。1つの医療機関だけ、あるいは1つの健診実施機関だけでデータを揃えることには限界があるため、複数の機関からデータを集め、1つのデータの集合体（いわゆる「データセット」）としていくことが必要である。そのためには、検査種別や検査結果などのデータ表現を揃えていくことが望ましいので、「生活習慣病自己管理項目セット集」の各項目については、臨床検査項目コード（JLAC10）が紐づけされている。

ID	項目	単位・表現	糖尿病自己管理項目セット			高血圧自己管理項目セット			脂質異常症自己管理項目セット			CKD自己管理項目セット		
			医療機関から	健診などから	家庭から	医療機関から	健診などから	家庭から	医療機関から	健診などから	家庭から	医療機関から	健診などから	家庭から
1	身長	cm	○	○		○	○		○	○		○	○	
2	体重	kg	○	○		○	○		○	○		○	○	
3	収縮期血圧	mmHg	○	○		○	○		○	○		○	○	
4	拡張期血圧	mmHg	○	○		○	○		○	○		○	○	
5	LDLコレステロール（※1）	mg/dL	○	○		○	○		○	○		○	○	
6	HDLコレステロール（※1）	mg/dL	○	○		○	○		○	○		○	○	
7	喫煙	あり、なし、過去にあり	○	○		○	○		○	○		○	○	
8	血清クレアチニン	mg/dL	○									○	○	
9	尿蛋白	-、±、+、2+、3+以上	○									○	○	
10	血糖	mg/dL	○	○		○	○		○	○		○		
11	糖尿病診断年齢	10歳未満、10歳代、以後10歳毎80歳代以上まで、不明	○											
12	HbA1c（※2）	%	○	○								○	○	
13	ALT	IU/L	○	○					○	○				
14	網膜症	あり、なし、不明	○											
15	高血圧診断年齢	10歳未満、10歳代、以後10歳毎80歳代以上まで、不明				○								
16	血清カリウム	mEq/L				○								
17	心電図異常	あり、なし、不明				○						○		
18	中性脂肪（※1）	mg/dL				○	○		○	○		○	○	
19	脂質異常症の診断年齢	10歳未満、10歳代、以後10歳毎80歳代以上まで、不明							○					
20	冠動脈疾患の既往	あり（造影検査）、あり（その他検査）、なし、不明							○					
21	CKD診断年齢	10歳未満、10歳代、以後10歳毎80歳代以上まで、不明										○		
22	血清アルブミン	g/dL										○	○	
23	血尿	-、±、+、2+、3+以上（非肉眼的）、肉眼的										○	○	
24	総コレステロール（※1）	mg/dL	○			○			○					
25	尿アルブミン/クレアチニン	mg/gCre	○											
26	AST	IU/L		○										
27	腹囲	cm					○			○				
28	尿糖	-、±、+、2+以上		○										
29	γ-GTP	IU/L		○										
30	神経障害	あり、なし、不明	○											
31	歯科定期受診（※3）	あり、なし、不明	○											
32	尿酸	mg/dL				○						○	○	
33	家庭血圧（収縮期）	mmHg						○						
34	家庭血圧（拡張期）	mmHg						○						
35	腎不全家族歴（※4）	あり、なし、不明										○		
36	尿蛋白/クレアチニン比	g/gCre										○		
37	尿蛋白（1日量）	g/日										○	○	
38	血清総蛋白	g/dL										○		
39	尿素窒素	mg/dL										○		
40	Hb	g/dL										○	○	
41	シスタチンC	mg/L										○		

糖尿病ミニマム項目セット　　高血圧症ミニマム項目セット　　脂質異常症ミニマム項目セット　　CKDミニマム項目セット

http://jami.jp/medicalFields/20180ct23_02.pdf から引用

図4-2　生活習慣病自己管理項目セット集（第2版）4

③ 医療機能分化と地域医療連携情報システム

1 医療機能分化に伴う施設間の情報共有

当初は医療機関運営コストの削減が目標だった医療ICTシステムも、次第に施設間の情報共有に比重が移ってきたことはすでに述べた。その情報共有の枠組みは、急激に変わろうとしている。

従来、施設間の連携といえば、病院と診療所をつなぐ「病診連携」、急性期病院と回復期病院もしくは慢性期病院をつなぐ「病病連携」、あるいは病院と介護施設をつなぐ「病介連携」などが主体であった。こうしたモデルでは急性期病院の守備範囲が極めて広かったので、そこには慢性疾患の急性増悪や、いわゆる亜急性期も含まれていた。むしろ、急性期の幅広さや多機能ぶりも日本の医療の特徴となっていた面があり、そのため施設間での情報共有も比較的限られたチャネルで済んでいたことは否めない。実際、診療報酬で定義されている情報共有の書式も、「診療情報提供書」や「共同診療計画表」など少数にとどまっている。

ところが、2015（平成27）年に公表された「地域医療構想ガイドライン」では、このような広すぎる急性期の範囲が見直され、「高度急性期」「急性期」「回復期」と整理された。とくに回復期については「在宅等においても実施できる医療やリハビリテーション」と明記されていることもあり、住宅型有料老人ホームなどを含め在宅医療の場に移っていくことは明らかである（図4-3）。

さらに、地域医療構想に基づいて構想区域ごとの必要病床数を踏まえた病床機能分化が進んでいくと、1つの施設で医療を提供するというモデル自体が成立しなくなり、当然ながら複数の施設間における情報共有のツールが必要になってくるだろう。

地域医療構想ガイドラインでは、「病床の機能の分化及び連携の推進」を実現する手段として、次の3つを想定している。

①地域連携パスの整備・活用の推進
②都道府県や市町村が中心となった連携を推進するための関係者が集まる会議の開催
③ICTを活用した地域医療ネットワークの構築

これらは「複合的に取り組む必要がある」ものであるから、③の医療ICTシステムだけを導入しても決して連携は進まない。まずは②の会議等を通じて関係性が構築されるととも

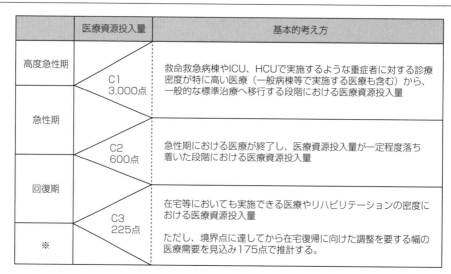

	医療資源投入量	基本的考え方
高度急性期	C1 3,000点	救命救急病棟やICU、HCUで実施するような重症者に対する診療密度が特に高い医療（一般病棟等で実施する医療も含む）から、一般的な標準治療へ移行する段階における医療資源投入量
急性期	C2 600点	急性期における医療が終了し、医療資源投入量が一定程度落ち着いた段階における医療資源投入量
回復期	C3 225点	在宅等においても実施できる医療やリハビリテーションの密度における医療資源投入量
※		ただし、境界点に達してから在宅復帰に向けた調整を要する幅の医療需要を見込み175点で推計する。

※在宅復帰に向けた調整を要する幅を見込み175点で区分して推計する。なお、175点未満の患者数については、慢性期機能及び在宅医療等の患者数として一体的に推計する。

出典：厚生労働省「地域医療構想策定ガイドライン」(P.16)

図4-3　病床の機能別分類の境界点の考え方

に、医療機能分化・連携に基づく医療プロセスを具現化した①の「地域連携パス」というコンテンツがあってこそ、そのインフラストラクチャーとしての医療ICTシステムも有効に活用できるのである。

2　地域医療連携情報システムの概要

（1）地域医療連携情報システムとは

　では、地域医療連携ネットワークとは何か。一般には、「地域の医療資源の実情などに応じて、地域に散在する各医療機関等の役割を明確化させることによって機能分化を進め、これにより円滑な病病連携、病診連携を実現し『地域完結型の医療』を提供することを目的とした取り組み」[5]と言われている。このネットワークは人的なものも含むため、必ずしもITによって実現するわけではない。

　したがって、地域医療連携情報システムとは、「こうした人のネットワークをITが支援する仕組み」であると解されている。これは構造や機能を示すというよりも、目的論的な定義といえる。もっとも、あらかじめ人的なネットワークがなければ実装できないというのは、病院情報システムとは異なる地域医療連携情報システムの大きな特徴ともいえるだ

※5　保健医療福祉情報システム工業会「JAHIS地域医療連携のためのIHE ITI適用ガイド」(P.6)

ろう※6。

　逆に、「地域医療連携情報システム」という言葉にはICTシステムという意味しかないので、それを運用する人とICTシステムの双方を含めた概念として「地域医療連携情報ネットワーク」も存在する。もっとも本テキストでは主にICTシステムについて説明しているので、以降も「地域医療連携情報システム」という言葉を使用する。

（2）地域医療連携情報システムの構成

①データの管理方法

　地域医療連携情報システムの構成は、その地域によって異なる（図4-4）。まず、複数の医療機関から生じた処方歴、検査結果、画像、サマリ等のデータを保管するデータセンターを置く場所にも多様な選択肢がある。その地域に中核となる医療機関が1か所しかない場合は、その医療機関にサーバーを置いてデータを集中管理することが可能である。しかし、中核となる医療機関が複数ある地域の場合はこの方法を取りにくいので、地域で連携協議会を設置し、その協議会の事務局（郡市や県の医師会など）にサーバーを設置したり、あるいは企業に委託する方法などが採られる。特に東日本大震災以降、遠隔地にデータをバックアップする社会的要請も高まっており、こうした災害対策も地域ごとに検討していくことになる。これらはデータを集中管理する方法だが、他にも各医療機関が自らのデー

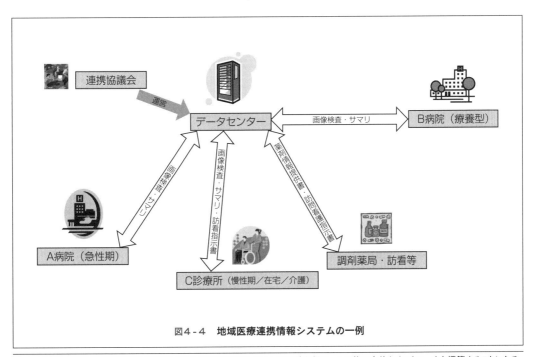

図4-4　地域医療連携情報システムの一例

※6　病院新設時などは病院組織や業務と並行して病院情報システムの設計を行い、その後に人的なネットワークを構築することになる。他方、「地域」は新たに作る性質のものではないので、どこであっても人的なネットワークを先行させ、その後に地域医療連携情報システムを実装する手順になる。

提供：株式会社ヘルスケア・リレーションズ

図4-5　情報種が比較的多い地域医療連携情報システムの画面例

タを管理したうえで、これらのデータの所在情報だけを集中管理する方法も存在する[7]。

②連携施設の範囲

次に、地域医療連携情報システムに接続する医療機関、あるいは介護施設の範囲も地域によって異なる。地域によって、病院と診療所だけが連携するパターン、これに調剤薬局が加わるパターン、さらに介護施設も含めるパターンなどの組み合わせが存在する。これらの施設の対象地域も、同じ二次医療圏とするもの、これを超えて県内全域とするもの、県外まで広がるものなど多様である。

③取り扱い情報種

さらに、システムで取り扱う情報種についても、地域によって異なる。地域で連携し得る情報種には、患者に関するものには受診歴、病名、処方歴（内服薬や外用薬）、注射歴、検体検査結果、医用画像、文書（診療情報提供書やサマリなど）、地域連携パスなどがある。さらに、空床情報のように医療機関に関する情報もある。これらの情報種をどこまで含めるかは、その地域のなかで検討していくことになる（図4-5）。

④利用者の範囲

最後に、地域医療連携情報システムには患者自らもアクセスできるものと、医療・介護施設のみがアクセスできるものが存在する。患者がアクセスできる機能を実装する場合、同システムに接続する場所や端末を固定できないので、セキュリティ上の脅威も多くなる。このため、ログイン時にICカードを使用するなど、不正アクセスの防止にはさらに力を

※7　日本IHE協会編「地域医療連携情報システム構築ハンドブック2011」(P.17)

入れる必要がある。

3 地域医療連携情報システムと標準化

地域医療連携情報システムを実装する際には、標準化が欠かせない。フォーマットの異なる検体検査結果を同一のデータベースに蓄積するようなことは、当然ながらできないからである。ここでは、主に2種類の標準化が必要になる。

▎(1)データ形式の標準化

第一は、データ形式の標準化である。例えば、A病院では「赤血球数」と表示されているものがB病院では「RBC」だとすると、肉眼では同じ検査項目を示していることがわかっても、システムではそのような識別が困難である。そこで、臨床検査項目分類コード（JLAC10）という標準化されたコードを用いることにより、複数の医療機関間で検査結果を比較するようなことが可能になる。同様に、医薬品名を表すHOTコードや、医用画像を保存するためのDICOMなどの標準規格が存在する（P.12「厚生労働省標準規格」参照）。

しかしながら、既存の病院情報システムのデータ構造が、必ずしもこれらの標準規格になっているとは限らない。このため、自院のシステムに保存されているデータが院内だけで通用するコード体系やファイル形式である場合、これらを見直すことも必要になってくる。

▎(2)データ交換方法と規約の標準化

第二は、データを交換する方法やその規約の標準化である。検査、処方、画像などのデータ形式を標準化しても、それを各病院が任意の方法で地域医療連携情報システムのサーバーに送信してきたら、やはり一元管理することは不可能である。特に、地域医療連携では患者IDが病院ごとに異なるという課題を克服するために、地域医療連携情報システムで使用するためには各施設が共通利用できる「地域患者ID」が必要になる。この「地域患者ID」を含めてデータをどのように格納して伝送するかは、「HL7 CDA Release 2」や「IHE ITI」などの標準規格を用いることになる。

これらは極めて技術的な事項になるため、医療経営士が直接的に関与することは稀であろう。しかし、実装を担当する医療情報技師や診療情報管理士にとっては、極めて負担が多い業務であることも事実である。地域の医療・介護施設との関係づくりが今日の病院にとって重要な経営課題であることを踏まえれば、地域医療連携情報システムを導入するための重要なステップである「院内での標準化」が進むように体制を整えていくことは、医療経営士の役割の1つといえるだろう。

在宅医療・介護支援システム

1　在宅医療の特徴とICTシステムの必要性

　わが国の医療を持続可能な形にしていくため、以前から在宅医療を広げていく必要性が指摘されている。このため厚生労働省でも在宅への円滑な移行を図るため「在宅療養支援診療所(在支診)」を定義するなど、診療報酬上の措置も講じてきた。その結果、ここ十数年で訪問診療を行う医療施設は急激に増加し、全診療所(医科)の1割を超えるまでになった。

　在宅医療が入院医療と大きく異なるのは、サービスを提供する事業者が必ずしも1つにならないという点である。例えば、訪問診療はA診療所から、訪問看護はB訪問看護ステーションから、そこで用いる薬剤はC調剤薬局からと事業者は分散することがある。そこで、異なる事業所間で同じ患者の情報を共有する仕組みが必要になってきた。

　もちろん、情報共有の手段は必ずしもICTシステムとは限らない。例えば「連携ノート」を患者の居宅に置いておき、訪問した医師、看護師、介護職員、あるいはケアマネジャー(介護支援専門員)がその必要事項を記載するとともに、複写用紙の1部を各施設の控えとして持ち帰るような運用も行われている[8]。

　ただ、紙媒体による情報共有では、次にその患者を訪問するまでは患者状態を把握することができない。例えば、夜間に状態が急変して緊急対応を求められた診療所の医師や看護師が、その日の昼間に行った訪問介護の様子を把握することはできない。緊急時の対応を円滑化することは、在宅医療を推進するうえで極めて重要な要素である。

　このため、厚生労働省が2013(平成25)年に公表した「健康・医療・介護分野におけるICT化の推進について」でも、施設間にICTシステムをつないでいく対象に「在宅」が含まれることを明示した(図4-6)。現状では、まだ施設単位でのシステム構築にとどまっている面も否めないが、前述のような在宅医療の特徴を踏まえれば、今後急速に施設間の情報連携が進んでいくことが期待される。

※8　ケアマネジメント編集部：埼玉県所沢市「在宅療養のための多職種共有ノート」,ケアマネジメント2012；23(5)：16-17.

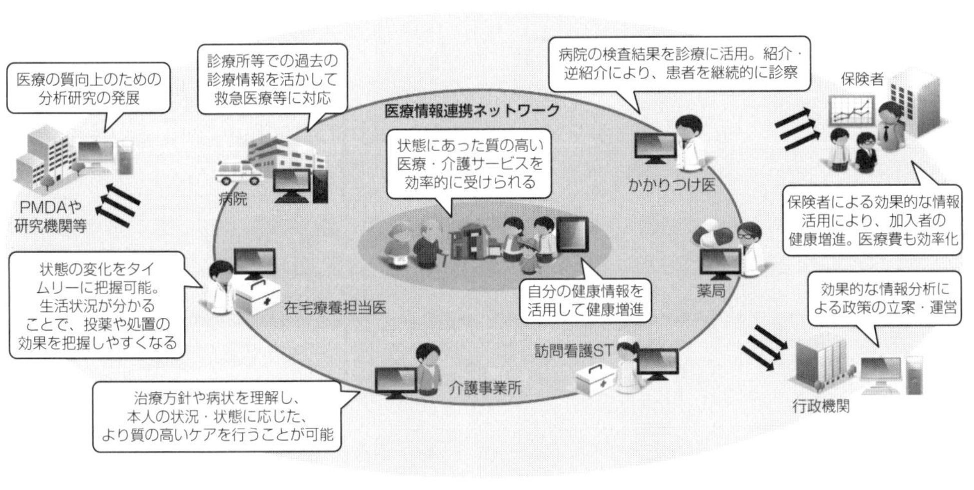

出典：厚生労働省「健康・医療・介護分野におけるICT化の推進について（概要版）」

図4-6　医療等分野におけるICT活用の将来イメージ（10年後の姿）

2 訪問診療を支援するICTシステム

(1)クラウド型電子カルテシステムの活用

　主に訪問診療を行い、外来患者がほとんど来ない施設であっても、医療法上の位置づけは一般の無床診療所と変わらない。また、在宅であっても医師法第24条に基づく診療録の記載および保管は、病院や診療所と同じように義務づけられている。したがって、訪問診療についても基幹システムは電子カルテシステムとなる。これに、訪問スケジュールの管理など在宅医療に特化した機能が付加されている。

　ただし、在宅医療では患者の自宅等で電子カルテを参照できなければシステムを導入する意味が乏しくなる。このため、在宅ではASP（Application Service Provider）やSaaS（Software as a Service）を利用した、いわゆる「クラウド型」の電子カルテシステムが用いられることも多い。近年、タブレット端末が普及したこともあり、これらを前提とした在宅医療向けのサービスが多数販売されている。

(2)情報セキュリティ面での課題

　ただし、情報セキュリティ上の課題も多い。その1つにタブレット端末等を紛失し、患者情報が漏えいしてしまうリスクがある。そこで厚生労働省の「医療情報システムの安全管理に関するガイドライン」では、端末の管理を厳格化し、特に職員個人が所有する端末（BYOD：Bring your own device）でこれらのシステムを運用するのは慎重にするよう求めている。個人所有の端末ではOSやウイルス対策ソフトのアップデートを一括して行っ

たり、アクセスログを解析したりすることが制限され、組織で定めたセキュリティポリシーを適用しにくいためである。

　もっともクラウド型電子カルテの場合は、ChromeやSafariなどのブラウザだけで接続が可能な製品もあり、端末単位でのアクセス制限には限界がある。また、紛失時には当該端末を電子カルテシステムに接続できなくする機能は、多くのシステムで実装されている。しかし、実際には訪問予定の患者の情報をハードコピーして画像ファイルとして端末内に保存していたり、端末内に個人情報が残っている場面も散見される。したがって、あらゆる機能を用いたとしても「紛失しても漏えいを防止できる」とはいい切れないのが現状である。

　なお、クラウド型電子カルテを使用する場合、そのサービスを提供する事業者には総務省が策定した「クラウドサービス事業者が医療情報を取り扱う際の安全管理に関するガイドライン」が適用される。このガイドラインには、国内法の執行が及ぶ場所に設置すること」という規定がある。クラウド型のサービスを利用したとしても診療録の保管義務はあくまで病院や診療所の長にあるので、そこに保管されたデータは医療法第25条に基づいて都道府県知事等が検査することができる。その際、海外にサーバーやストレージ等が置かれていると、当該国の法令や事業者の方針によっては知事の検査が妨げられる可能性がある。こうした事態を防ぐため、わが国では海外にデータを置く形でクラウドサービスを用いて電子カルテを運用することは認められていない[9]。

3　訪問看護・介護を支援するICTシステム

　訪問看護には、「①診療所等の医療施設から提供されるもの」と、「②訪問看護ステーションから提供されるもの」の2種類がある。①については、前節の訪問診療と同様であるから割愛する。訪問介護の場合は、基本的に②と同様になる。

　②の場合は、あくまで別施設であるから、医師と看護師、あるいは介護職員との間には指示関係が存在しない。保健師助産師看護師法の規定により、看護師は医師の指示がなければ医療行為を行うことができない。また、診療所と訪問看護・介護事業所との間で、相互に診療録や看護・看護記録を参照するようなこともできない[10]。

　そこで病院や診療所の医師は訪問看護ステーションに対して「訪問看護指示書」を交付する。これに対し、訪問看護ステーションは医師に「訪問看護報告書」を提出するという流れで訪問看護が行われる。したがって、訪問看護ステーションは日々の記録を記載したうえ

※9　わが国の医療情報システムにおいて海外のクラウドサービスを使用できないことは、市場競争を損なう過剰な規制であるとして日本経団連などからも改善要求が出されている。ただ、本文にあるような法的管轄の問題があるため、関係省庁は今後もこの方針は変えないとしている。

※10　同一法人が経営する診療所と訪問看護ステーションであれば、個人情報保護法上の第三者提供にあたらないため、相互に参照することは可能である。

で、その要約としての報告書を作成しなければならない。また、2014（平成26）年からは訪問看護記録書Ⅱや同報告書に「衛生材料等の使用量および使用状況」を記載することが義務づけられるようになった。日々の記録からこれらの情報を抜き出すのは大きな業務負荷になるので、音声入力などの支援機能も含め訪問看護支援システムが活用されている。

　訪問看護の場合は、患者の病態や訪問回数によって医療保険適応になる場合と、介護保険適応になる場合がある。さらに、訪問看護ステーションから訪問するメディカルスタッフは、必ずしも看護師とは限らず、リハビリテーションを行う理学療法士などの場合もある。その一方で、訪問看護ステーションの多くは小規模な事業所であり、多様化した仕組みのなかで保険請求を行うには限界がある。このため、クラウド型の訪問看護支援システムを提供しつつ、さらに請求事務を受託する事業者もみられる。そこで訪問看護記録書Ⅱのデータを活用できるよう、記載内容の標準化が議論されている。

　他方、訪問介護の場合は医師の指示が不要である代わりに、医師からの情報提供が行われにくい面もある。その点は、ケアマネジャー（介護支援専門員）を経由して情報共有するなど間接的な情報源に頼らざるを得ない。その意味でも、ICTシステムを活用した情報共有が望まれる。

4　在宅医療・介護を支援する多様なICTシステム

　このように在宅医療・介護の情報共有のチャネルは、これらの事業所が同一法人か異なるかによって、あるいはIT基盤によって大きく変わってくる。このため、在宅医療・介護を支援するICTシステムは多岐にわたっている（**表4-2**）。

　広い意味では、遠隔医療も在宅医療を支援するICTシステムといえるだろう。遠隔医療とは、「情報通信機器を応用し診療の支援に用いる」ことである。医師法第20条では診察をしないで投薬等を行うことは禁止されている。このため、初診時や急性疾患の患者については、原則として遠隔医療の対象にならないとされていた。このため、在宅酸素療法を行っている患者、喘息などの慢性疾患の患者も対象とすることが多かった。しかし、現在は「患者側の要請に基づき、患者側の利点を十分に勘案した上で、直接の対面診療を適切に組み合わせて行われるときは、この制限はなくなった。新型コロナウイルス感染症の影響もあり、遠隔診療は急速に広まっている（平成9年12月24日付、厚生省健康政策局通知）。

　また、「電子温度版・生活記録」についても徐々に増加している。従来は入院患者に対して使用されるものだったが、通信機能を持つ血圧計などが普及してきたことにより、在宅でも適用しやすくなってきたことが要因である。このような機器は、開発が進んでいるPHR（Personal Health Record：個人が自らの健康情報を自己管理のもとに集約・累積した記録）とも連携できるので、今後さらなる発展が望まれている。

表4-2　在宅医療・介護を支援する多様なICTシステム

項	機能名称	概要
1	ホームページ	医療・介護資源を公開
2	メーリングリスト	教育などのイベントをお知らせ
3	電子掲示板	患者のケア情報を情報共有
4	電子温度板・生活記録	患者の日々のバイタル変化を把握 ADL（日常活動動作）を評価、適切なケアにつなげる
5	電子スケジュール帳	空き時間をリアルタイムに共有
6	患者紹介・逆紹介システム	診療情報提供書や返書を管理
7	教育・研修システム	医療手技、看護・介護技術の向上を目指す 教材や医療機器マニュアルを電子的に共有
8	センサ見守り 緊急通報システム	街のナースコール
9	遠隔医療システム テレビ電話	遠隔地の患者、専門医などをリアルタイムにつなぐ
10	遠隔モニタリングシステム	重症心身障害児（者）の在宅医療を支える
11	テレ・カンファレンスシステム	専門医とかかりつけ医、多職種をつなぐ
12	地域医療連携システム	基幹病院の診療情報を参照
13	電子地域連携パス	がん・糖尿病などの疾病別に情報共有
14	電子お薬手帳	適切な服薬指導と服薬管理、災害時に活用
15	PHR（Personal health records）	個人が自分の健康・医療情報を管理または参照する

出典：平成24年度厚生労働科学特別研究事業「在宅医療介護連携を進めるための情報共有とICT活用」

⑤ PHR（Personal Health Record）の展開

1　PHRとは何か

（1）医療情報連携基盤「EHR」の普及推進

　電子カルテシステムを発展させた形態として、地域医療連携情報システムがあることは前述した。もっとも、これはICTシステムに着目した見方である。

　電子カルテシステムは、いうまでもなく診療録を管理するためのICTシステムである。そして、そこで電子的に保存されている診療録のことを、一般に「電子カルテ」と呼ぶ。しかし、地域医療連携情報システムで保存されている情報は、必ずしも診療録とは一致しない。医師法、医療法などの法令に基づいて保存されている診療情報のすべてが地域医療連携に必要なわけではないし、用いられている用語・コード体系や記載方法が異なっており、物理的にも相互運用が難しいためである。

　そこで、こうした連携場面において「医療・健康情報を電子的に管理活用することを可能とする仕組である医療情報連携基盤（EHR：Electronic Health Record）の普及推進」が図られることになった[11]。ここでの情報連携基盤とはICTシステムではなく、むしろ相互利用するための「情報のかたまり」をさしている。診療録のように法的に内容や保管方法が定義されているわけではないので、その形態も地域によって変わり得る。そのためEHRの日本語訳は必ずしも一定していないが、本テキストでは関連する厚生労働科学研究での表記に合わせて「生涯健康医療電子記録」としておく。

　地域医療連携情報システムの場合、データを預ける先を患者自らが選ぶことはできない。患者が選べるのは、自分が受診した医療機関で発生した処方歴や検査結果を、他の医療機関等でも参照することに同意するか否かという点である（個人情報保護法では患者本人の同意なく診療情報を第三者に提供することを禁じている。したがって、患者の明示的な同意がない限り、病院情報システムから地域医療連携情報システムに診療情報を伝送することができない）。また、診療録と別の存在とはいえ、その内容は診療録から派生したもの

※11　総務省『情報通信白書平成24年版』（P.106）
　　　なお、同白書では、EHRを管理するICTシステムを「EHRシステム」と呼んでいるが、一般社団法人保健医療福祉情報システム工業会（JAHIS）の技術文書等では「地域医療連携情報システム」という名称が用いられ、現在ではこれが定着している。このため本テキストでは、ICTシステムとしては「地域医療連携情報システム」で統一する。

であるから、EHRに書き込むのはあくまで保健・医療・福祉の専門家である。
よって、情報の管理主体も、患者に移らない。

▌(2) 個人が自らの健康情報を収集・保存・活用する「PHRシステム」

　これに対して、「個人が自らの生活の質（QOL：Quality of Life）の維持や向上を目的として、個人が自らの健康情報を収集・保存・活用する仕組み」を、PHR（Personal Health Record）システムと呼び[12]、このシステムが管理する記録のことをPHRという。PHRの場合は、「個人が自らの健康情報を収集・保存・活用する」点が最大の特徴である。すなわち、どの健康情報を、どこの機関に預け、どう使うかは個人に委ねられている。

　したがって、PHRの場合は、予防分野も守備範囲になり得る。特定健康診査のように法に基づいて実施する一次予防だけでなく、例えば、万歩計や血圧計などの家庭用医療機器を用いて測定したデータをインポートしたり、スポーツクラブなどの健康増進施設[13]

表4-3　健康情報の範囲（発生場所別）

	予防	医療	介護
公的情報	保険者 　資格情報 各種健診機関 　健診結果（特定健診等） 母子手帳	保険者 　資格情報、レセプト情報 医療機関（保険内） 　診療情報、検査結果、処方箋、 　患者基本情報、レセプト情報 各種健診機関 　検査結果（乳幼児健診、学校健 　診、がん検診他）	保険者 　資格情報、レセプト情報 介護事業者（保険内） 　ケアプラン、介護日報、レセプ 　ト情報
その他民間情報	各種健診機関 　健診結果（人間ドック他） 健康サービス事業者 　保健指導内容 計測機器 　バイタル情報（体重・血圧他） 運動施設 　プロセス情報（運動器具からの 　実績情報他）	医療機関（保険外） 　診療情報、検査結果、処方箋、 患者基本情報 各種健診機関 　検査結果（定期健診・人間ドッ 　ク他）	介護事業者（保険外） 　介護歴、介護日報
個人の情報	食事情報（食物、サプリメント、特定保健用食品他） 運動情報（歩数、ジョギング時間、自宅の運動機器からの情報他） 自宅測定機器からのバイタル情報（体重・血圧他） 生活情報（睡眠、労働他）		

出典：日本版PHRを活用した新たな健康サービス研究会「個人が健康情報を管理・活用する時代に向けて」

---

[12]　日本版PHRを活用した新たな健康サービス研究会「個人が健康情報を管理・活用する時代に向けて」
[13]　厚生労働省では、健康増進施設として運動型健康増進施設、温泉利用型健康増進施設、温泉利用プログラム型健康増進施設の3種類を定義し、基準を満たす施設の認定を行っている。

での活動を記録したり、自主的に受診した人間ドッグの結果をPHRに載せるような多様な使い方が可能になる(表4-3)。

　また、データを預ける先が多様なのもPHRの特徴だ。例えば、神戸市は「MY CONDITION KOBE」というPHRサービスを提供しているが、こうした公的なもの以外に民間で開発されたものも多い。

2　「どこでもMY病院」構想以降のPHRの展開

　「どこでもMY病院」構想は、まさに政府が2010(平成22)年に提唱したPHR構想である。2009(平成21)年の政権交代では、2001(平成13)年から「経済財政運営の基本方針(骨太の方針)」などを策定してきた経済財政諮問会議を休止するなど、従来の基本政策を根本的に見直した。そして2010年、政府IT戦略本部は、従来の政策と非連続であることを明記した「新たな情報通信技術戦略」を公表し、ここで打ち出されたのが「どこでもMY病院」構想である。

　この構想は、「全国どこでも自らの医療・健康情報を電子的に管理・活用することを可能にする」ものである。ここまではEHRと近似した考え方だが、大きく異なるのは情報の管理主体である。すなわち、医療や福祉の提供者側が情報を管理することを「閉じている」状態と位置づけ、これを開かれた状態にすることで「健康・病状を自己管理する意識が高まる」ことを期待している。

　もっとも、PHRの守備範囲は極めて広い。このため、家庭用医療機器や健康増進施設で発生する情報から着手するよりも、これを用いる医療機関で必要な情報から実装し始めたほうが着実であろうとの議論がなされた。そこで、「情報提供を行う医療機関の協力を得る観点から、医療機関のメリットが明確なものから実施」という方針のもと、次に挙げる2つのユースケースを優先し、そこで必要な情報をPHRで管理できるように規格の整備などを進めていくこととなった(図4-7)。

①必要時に参考となる、医療情報を呈示

　救急や介護に役立つ現疾病、現在服薬している薬剤情報や副作用情報など。

②個人参加型疾病管理への活用

　生活習慣病など慢性疾患の悪化防止に役立つ検査・健診データ、自己測定バイタルデータなど。

　このうち①は、特に救急での利用を想定している。前述のHealth Vaultでの「緊急時プロファイル」とも近い考え方である。PHRには、ICTシステムにアクセスすることで初めて情報にアクセスできる「参照データ保持型(本人が持つのはデータにアクセスするためのIDのみ)」と、「実体データ保持型(ICカードなどに情報を格納し、本人が持ち歩く)」の2つの考え方がある。救急車に通信ネットワークなどが整備されない限り、「参照データ保

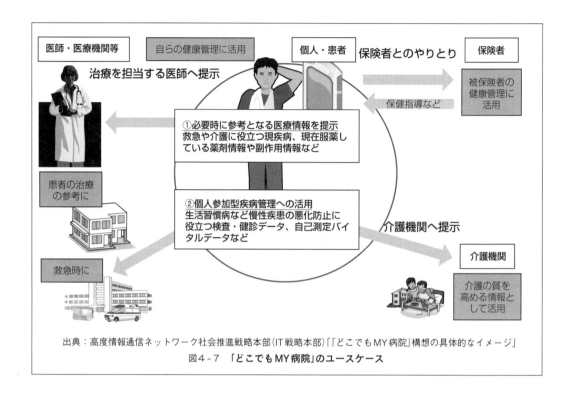

出典：高度情報通信ネットワーク社会推進戦略本部(IT戦略本部)「『どこでもMY病院』構想の具体的なイメージ」

図4-7　「どこでもMY病院」のユースケース

持型」では機能しない。他方「実体データ保持型」の場合、紛失などの対応に万全を期す必要がある。したがって、救急分野で「どこでもMY病院」の恩恵を受けるには、まだ時間を要するのが現状である。

　これに対し、②は少しずつ整備が進んできている。現在、もっとも社会課題になっている生活習慣病の1つが、予備群を含めれば患者数が2,000万人近くにのぼる糖尿病であることは議論を待たない。そこで、糖尿病の重症化予防に向けて関係学会が連携し、地域で共有すべき最小限度のデータ（ミニマムデータセット）を標準化するための「ミニマムデータ項目」が2014（平成26）年に公表された。このデータ項目には、糖尿病、高血圧、脂質異常症、および慢性腎不全の4種類が設けられている。また、情報の発生源としては医療機関、特定健康診査、および家庭の3種類を想定している。

　健康寿命を延伸するという現在の医療ICTの政策目標を達成するうえで、患者・国民が自らの健康を自己管理し、重症化予防に努めることは欠かせない要素である。これを支援するためのPHRシステムは、電子カルテシステム、地域医療連携情報システムに次ぐ今後の成長領域といえるだろう。

　2019（令和元）年11月には厚生労働者に置かれた「国民の健康づくりに向けたPHRの推進に関する検討会」が、国民・患者視点に立ったPHR検討における合意事項を取りまとめた。ここでは「マイナポータル」の利用を念頭に置いて明言している。

3 「マイナポータル」の活用によるPHRの拡大

　EHRやPHRを運用する上で大きな課題になるのは「名寄せ」である。わが国では病院や診療所によって患者番号が異なるため、仮に同姓同名かつ同一生年月日の患者であっても、それだけで同一患者であるとは特定できない。そのため地域医療連携情報システムでは何らかの形で「地域患者ID」が必要になることは前述した。健康保険被保険者証がそのまま診察券として用いられている国(台湾など)では、こうした問題は生じない。

　わが国には個人番号(マイナンバー)が存在するもの、これは税や社会保障などの公的な目的でしか使用できない。もっともマイナンバーを他者に知らせずに運用するか否かも国によって異なり、公開を前提とした情報として活用する国(エストニアなど)でも、こうした問題は生じない。

　すなわち、名寄せ問題が生じるのは、健康保険制度や個人番号制度が相まって生ずる、わが国特有の現象である。この問題の解決も、「マイナポータル」に期待する点の1つである。

　マイナポータルでは、住民がマイナンバーを用いてポータルサイトにアクセスし、ここを拠点に民間サービスのサイトにログインすることが可能になる(図4-8)。民間サービスの事業者は事業者内でのサービスIDを別に作成するため、その事業者にマイナンバーを知られることはない。これは、サービスIDとの紐づけには、マイナンバーそのもので

情報提供等記録表示 (やりとり履歴)	情報提供ネットワークシステムを通じた住民の情報のやり取りの記録を確認できる
自己情報表示 (あなたの情報)	行政機関などが持っている自分の特定個人情報が確認できる
お知らせ	行政機関などから個人に合ったきめ細やかなお知らせを確認できる
民間送達サービスとの連携	行政機関や民間企業等からのお知らせなどを民間の送達サービスを活用して受け取ることができる
子育てワンストップサービス	地方公共団体の子育てに関するサービスの検索やオンライン申請ができる
公金決済サービス	マイナポータルのお知らせを使い、ネットバンキング(ペイジー)やクレジットカードでの公金決済ができる
もっとつながる (外部サイト連携)	外部サイトを登録することで、マイナポータルから外部サイトへのログインが可能になります

https://www.cao.go.jp/bangouseido/myna/index.html より引用

図4-8　マイナポータルの機能

はなく、ハッシュ値という元の値を一定の法則で変形させた値を用いるためである。

　もちろん「名寄せ」が容易になることで、プライバシーの観点での課題も増える。この観点での課題整理も必要だが、今後のPHRに「マイナポータル」は不可欠の存在といえる。

確認問題

問題 1 「生活習慣病自己管理項目セット集」の対象疾患に含まれていないのはどれか。

[選択肢]

①糖尿病

②高血圧

③脂質異常症

④慢性腎不全

⑤ニコチン依存症

確認問題

解答 1

⑤

解説 1

①～③健康寿命を延伸する観点から、高血圧、糖尿病、脂質異常症の3疾患については、特定健診や特定保健指導でも特に重視されている。

④近年では、慢性腎不全に罹患する原疾患でもっとも多いのは糖尿病性腎症とされている。慢性腎不全が悪化すれば人工透析を要することになり、健康寿命を著しく縮める。このため①～③の3疾患と同様に特に重視されている。

⑤①～④のどの疾患でも、これを悪化させる因子として喫煙の有無は重視している。しかし、ニコチン依存症そのものは対象疾患とはされていない。

確認問題

問題 2 複数の医療機関によるICTを活用した情報連携で、正しいのはどれか。

[選択肢]

①個人番号(マイナンバー)を使用して名寄せを行う。

②患者がアクセスできる運用とすることも可能である。

③文字情報の共有はできるが、画像情報の共有は認められていない。

④各病院から独立した中立団体でのデータ保管が義務づけられている。

⑤かかりつけ医が認めた医療機関には、患者の同意なく情報提供できる。

確 認 問 題

解答 2   ②

解説 2

①個人番号は税務など特定の目的でしか利用できず、医療機関の連携に用いることは認められていない。

②選択肢のとおり。なお、どの情報種へのアクセスを認めるかは、運営者によって異なる。

③特に制限はない。CTなどの画像情報は、情報共有を行う際の主要な情報種である。

④協議会などを設立して中立的な場でデータ保管を行う例が多いのは事実だが、その地域の基幹病院でデータ保管する例もある。いずれも一長一短あるので、各地域の実情に応じて選択されている。

⑤かかりつけ医からその連携先への情報提供は「黙示による同意」に基づいて行うことも少なくないが、いずれにせよ同意は必要である。

第5章

ICTが変えるこれからの病院経営

1 データを経営に活かす組織体制
2 ビッグデータと病院経営
3 人材・財務マネジメントへのICT活用
4 医薬品マネジメントへのICT活用
5 「新しい日常」と医療ICTシステム

① データを経営に活かす組織体制

1 経営理念・経営方針と、ICTシステムの導入方針との関係性

　医療ICTシステムを導入・運用するうえで、データを経営に活かす視点は極めて重要である。しかしながら、経営理念・経営方針と、実際のICTシステムの機能、そこに蓄積されている医療データに、一貫性が乏しい事例も散見される。ICTシステムは重要な経営資産であるとの前提に立って、その資産を最大限に活用するための視点を述べる。

　ICTシステムの導入方針は、経営理念・経営方針の下位概念である。したがって、病院がどのような理念・方針を持っているかを十分に踏まえなければ、適切なICTシステムの導入方針を立案することはできない。

　従来、医療ICTシステムへの投資は、医療費を節減する効果を期待して行われてきた。具体的には、重複検査を解消したり、医療事故を防止するという目的で用いられてきた。しかし、この考え方に依存すると、欧米諸国が医療ICT投資を増やしてきた理由を説明できない。よって、医療ICT投資の本来の目的は、もう少し広い視点で考える必要がある。

　今日的な医療ICTの投資は、医療費を節減する効果はもちろん、IT化によって期待できる増収や、医療の質向上も含めることが必要である。増収については、患者情報を共有することによって医療サービスを拡充し、患者の確保・定着を図ること（いわゆる囲い込み）に貢献できる。また、質向上は、データを二次利用することで経営効率化を図ったり、職員満足度を向上させる効果が期待できる。

　この点を理解するには、「病院」の役割が変化していることを意識する必要がある。かつて、病院とは「医療専門人材を組織化して入院医療を提供する施設」と理解されていた。しかし、Debora A. Slee が刊行した保健医療用語集『Slee's Health Care Terms 4th Edition (2001)』では、病院という用語が「垂直統合した医業事業体」によって統括された地域全体をさす傾向が顕著になっていると指摘している。すなわち、今日的には単一の機能しか持たなければもはや「病院」ではなく、「病院」には当該医療圏内に異なる性質のサービスを提供する施設を、多様な形態で展開できることが求められている。このような組織を、「垂直統合医療事業体（IHN：Integrated Healthcare Network）」という。なお、2015（平成27）年医療法改正により成立した「地域医療連携推進法人制度」は、経営主体の異なる複数法人間の垂直統合といえる。

このような垂直統合を実現するうえで、医療ICTシステムは不可欠である。逆にいえば、垂直統合は、医療ICT投資効果を向上させるうえで欠かせない視点ということもできる。

結局のところ、病院は地域において臨床的な求心力を増し、すなわちブランド力を強化していくことが宿命づけられている。ICTシステムの導入方針も、これを踏まえたものでなければならない。

2 垂直統合医療事業体に求められるICT環境とその体制

このような垂直統合事業体に必要なICT環境を説明する。

まず、診療録を電子化する、すなわち電子カルテを導入することが第一歩となる。電子カルテの導入には、すべての端末で検査結果（放射線や生理検査など）を閲覧できるという大きな意味があり、導入によって病院・診療所・介護など法人内での情報共有を実現できる。

次に、地域連携システムを構築することが求められる。これは、病病連携や病診連携など、地域の多様なレイヤー特性を踏まえて、適切なレイヤーでシステムを構築していくことが必要である。

さらに、患者やその家族との情報共有についても考えていく必要がある。具体的にはベッドサイド端末を設置するなどの方法がある。

そして、診療・リハビリテーション・介護などを通じて蓄積されたデータは、分析してさらなる改善活動のために有効活用する、すなわち「二次利用」できることが重要である。

このようにシステムを法人内で統合し、あるいは地域とつないでいくには、法人としてICT化するための基本的な環境を整備していくことも必要である。まず、患者ID・ユーザーIDを法人内で一元化することが不可欠である。さらに、できる限りデータセンターを活用するなどによって、サーバーを一元化することも望まれる。また、訪問診療時に現場でシステムを利用できるようにしたり、各施設の電子カルテ端末でインターネットを利用できる環境も必要である。よって、それらに耐え得るセキュリティを確保しなければならない。

こうしたIT環境は、各施設の業務が回ればいいという次元ではなく、垂直統合事業体としての全体像を踏まえて構築すべきである。したがって、今日的な医療ICTシステム部門は、各施設を横断するような位置づけで設置することが相応である。

3 病院経営とデータ統合

経営者が意思決定するためのデータを必要としたときに迅速に提供できることは、医療ICTシステム部門として極めて重要な機能である。よって、データが分散していて集約も

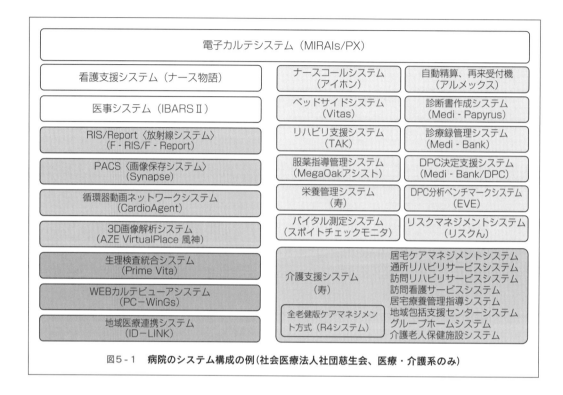

電子カルテシステム（MIRAIs/PX）		

看護支援システム（ナース物語）	ナースコールシステム （アイホン）	自動精算、再来受付機 （アルメックス）
医事システム（IBARS Ⅱ）	ベッドサイドシステム （Vitas）	診断書作成システム （Medi - Papyrus）
RIS/Report〈放射線システム〉 （F - RIS/F - Report）	リハビリ支援システム （TAK）	診療録管理システム （Medi - Bank）
PACS〈画像保存システム〉 （Synapse）	服薬指導管理システム （MegaOakアシスト）	DPC決定支援システム （Medi - Bank/DPC）
循環器動画ネットワークシステム （CardioAgent）	栄養管理システム （寿）	DPC分析ベンチマークシステム （EVE）
3D画像解析システム （AZE VirtualPlace 風神）	バイタル測定システム （スポイトチェックモニタ）	リスクマネジメントシステム （リスくん）
生理検査統合システム （Prime Vita）	介護支援システム （寿） 全老健版ケアマネジメント方式（R4システム）	居宅ケアマネジメントシステム 通所リハビリサービスシステム 訪問リハビリサービスシステム 訪問看護サービスシステム 居宅療養管理指導システム 地域包括支援センターシステム グループホームシステム 介護老人保健施設システム
WEBカルテビューアシステム （PC－WinGs）		
地域医療連携システム （ID－LINK）		

図5-1　病院のシステム構成の例（社会医療法人社団慈生会、医療・介護系のみ）

ままならないような状況は、あまり望ましいとはいえない。そこで、データ統合の仕組みを考えていく必要が生じる。特に考慮すべきものは、サーバーの仮想化と、データセンターの利用である。

　例えば、社会医療法人社団慈生会の場合、基幹システムである電子カルテシステムのほか、約25種類の部門システムが存在する（図5 - 1）。すると、そのシステムの分だけサーバーが必要になる。ここでサーバーを仮想化すると、1台の物理サーバーを複数台の仮想的なサーバーに分割して利用できる（これを仮想化という）。このため、わずか4台のサーバーで、35台分のサーバー機能を担うことが可能になっている。また、サーバーを仮想化すると、中央処理装置（CPU：Central Processing Unit）の機能を複数のシステム間で分担することができる。すると、もっとも負荷の高い処理や時間帯に合わせてサーバーを構築する必要もなくなるので、処理能力の余剰を有効活用することも可能になる。

　次に、データセンターの活用である。医療ICTシステムを運用するには、そのシステムの安全性を十分に担保しなければならない。例えば、無停電であること、耐震構造を持つことなどが挙げられるが、この環境を院内で構築することは容易ではない。そこで、外部のデータセンター（わが国では、日本の法令が適用される場所にデータセンターを置くことが義務づけられている。したがって、海外のデータセンターを利用することはできない）にカルテをはじめとする医療データを保管することが視野に入ってくる。ほとんどの病院では、安全性を十分に確保したサーバー室を自院に用意することは、コスト面から見合わ

ない。しかしながら、単にコストを理由に、リスクの高い環境に医療データを置くようなことは許されない。このジレンマを解決しようとすると、やはりデータセンターを活用することが多くの病院では望ましい選択といえるだろう。

そこで慈生会では、セキュリティコンプライアンスを極めて重視し、外部接続機器の制限や、端末の操作監視、統合脅威管理（UTM：Unified Threat Management）などを計画的に行っている。垂直統合医療事業体であり続ける以上、院外と接続することは不可避である。したがって、こうしたセキュリティの確保は、経営者としても極めて重要な課題であると考えている。

4 情報共有・開示が当たり前の組織づくり

せっかく情報共有のための医療ICTシステムを構築しても、病院職員が積極的に情報共有しようと考え、実行に移さなければ、そのシステムは飾りものになってしまう。このため情報共有・開示が当たり前の組織づくりも、システム整備と併行して行わなければならない。

情報共有・開示を進めるためには、何よりも組織の長からの明確な意思表示が必要である。例えば、慈生会の中核を担う等潤病院（東京都足立区）では、「等潤病院の財産はスタッフです」というメッセージを、すべての職員に対して入職時に伝えている。職員が大事にされているという実感がない限り、その職員は何かに脅威を感じて、情報を共有することに対しても消極的になりがちになってしまう点を考慮すべきである。

このような信頼関係を土台にしつつ、経営者としては情報共有を推進するという方針を示すことになる。職員間の情報共有手段には、電子カルテをはじめ、PACS（Picture Archiving and Communication System：画像保存通信システム）など診療支援系の部門システムや、DPCデータなどの分析ツールが挙げられる。さらに、院内メールやグループウェアなどのビジネスツール、医学文献データベースのような学術支援ツールなど、極めて多岐にわたる。

さらに、発展的な方向性として、「アメーバ経営」を実現するためのシステムを紹介しておきたい。京セラ名誉会長の稲盛和夫氏が提唱した「アメーバ経営」は、これからの病院経営に極めて重要な考え方である。病院組織は、専門性が高いゆえに部分最適に陥りがちな面がある。そこで同氏が提唱した6〜20人の小集団で、独立採算制の組織をつくるという発想に転換すると、各職種・各部署の生産性が極めて明確になる。

もっとも、このような考え方は病院経営ではまだ斬新であり、よって慈生会でも独自開発した原価計算システムを使用している。とはいえ、これからの病院経営では原価計算という観点が極めて重要であり、医療ICTシステムにもこれを支援する役割が求められることを強調しておきたい。

② ビッグデータと病院経営

1 ビッグデータの概念

　近年、ビッグデータという言葉が盛んに用いられている。ただ、その概念は必ずしも固まったものではなく、多様な切り口から議論が試みられている。そのようななかで、総務省『情報通信白書平成24年版』では国内文献を引用する形で「事業に役立つ知見を導出するためのデータ」と目的論的な概念を示した。もっとも、これでは「ビッグ」の説明になっていないので、海外文献を引用する形で「典型的なデータベースソフトウェアが把握し、蓄積し、運用し、分析できる能力を超えたサイズのデータ」との見方を示した。要するに、今までになかった知見を引き出すという目的論と、従来を超えた大規模データ処理を行うという方法論があいまった概念が現時点での「ビッグデータ」である。

　また、『情報通信白書平成24年版』では、ビッグデータを構成する各種データとして次の8つの例を挙げている。
①ソーシャルメディアデータ
②マルチメディアデータ
③ウェブサイトデータ
④カスタマーデータ
⑤センサーデータ
⑥オフィスデータ
⑦ログデータ
⑧オペレーションデータ

　④カスタマーデータの典型例は、「Suica®」などの交通系ICカードの利用履歴である。交通系ICカードで電車に乗り、コンビニエンスストアなどで買い物をし、さらに飲食の支払いにも利用すると、1日の生活行動の多くがデータとして蓄積される。そこには性別や年齢といった属性情報もあるので、小売業が自店の顧客に対して発行してきたいわゆるポイントカードよりも格段に幅広く、かつ連続性のあるデータが蓄積される。これがマーケティングなどに活用されていることはいうまでもない。

　こうしたビッグデータには「多量性、多種性、リアルタイム性」という特徴があるといわれている[※1]。特にリアルタイム性を支えているのは、通信技術の発達による面が大きい。

家庭向けインターネットの通信速度はここ十数年で100倍以上になっており、高頻度に発生した多量のデータ処理もクラウド環境で容易に行えるようになってきた。例えば、ウェブサイトを閲覧する際に、その人が最近検索した地域の飲食店や宿泊施設の広告を表示するような技術は、すでに私たちの生活に取り入れられている。

2　医療におけるビッグデータの現状

　医療におけるビッグデータは、今なお多様な見方が存在する。1つは、電子カルテシステムなど既存の病院情報システムで管理しているデータ自体が、すでにビッグデータであるとする見方である。確かに「事業に役立つデータ」であり、ある程度のデータサイズであることは事実だ。電子カルテシステムに蓄積されたデータの有効活用はまだまだ発展途上の面があるので、目的論的には一理あるようにも見える。また、麻酔記録からSpO_2低下事例を検出するなど、臨床的に役立つ事例も報告されるようになった[2]。とはいえ、少なくとも単独のシステムで得られたデータをもってビッグデータと呼べるかは少し議論の余地がある。かつては表計算ソフトで処理できる行数も数万行にとどまっていたが、現在では100万行を超える記録を処理できる。したがって、病院情報システムを軸に「ビッグ」なデータを論じるのであれば、必然と各システムを横断的につないだ複雑性の高いデータを対象とするのが相当である。

　しかし、昨今では、1施設内でのICTシステムを超えて、より幅広く収集されたデータをビッグデータと呼ぶのが一般的だ。例えば、レセプトデータは全国共通の様式であるから、複数の病院をつないだ分析が可能であり、たとえば重複投与の防止など幅広い活用が期待できる[3]。

　ビッグデータに期待される役割は「異変の察知や近未来の予測」などである。保健・医療・福祉サービスが単独の事業者によって提供される時代でなくなった以上、これらを実現するためには複数の事業者のデータが不可欠となる。この意味では、医療ICTシステムに蓄積されているデータの標準化が大きな課題といえるだろう。前述のレセプトデータは、あらゆる医療機関において細かい医療内容を表現できる数少ない標準化データである。他方、電子カルテシステムに蓄積されたデータは、病院によってコード体系等が大きく異なるのが現状であり、こうしたデータをビッグデータとして扱うことは容易ではない。

　したがって、現時点で用いられているビッグデータの多くは、必ずしも病院情報システムから得られたものではないことも多い。例えば、約28万人からなる人間ドックのデータベースを構築した事例では、高血圧等のガイドラインを用いて管理目標の達成率を求め、

※1　総務省『情報通信白書平成24年版』(P.143)
※2　村田愛 他：自動麻酔記録システムpaperChartのビッグデータからひも解いたSpO₂低下症例の解析, 麻酔と蘇生 2015；51(1-2)：7.
※3　西山孝之：データ処理に適した電子レセプト, 医療情報学 2013；33(1)：3-14.

さらに約3万人の高血圧治療群のなかから140/90mmHg以上のコントロール不良者9,603人に対してその原因を探索している[4]。

それでも、わが国ではビッグデータの解析には限界がある。レセプトデータも人間ドックのデータも離職や転居などで健康保険の保険者が変わった途端に、別の人として集計されてしまう点である。他国のように医療に使える形で個人番号が付与され、それをもとに「妊婦に投与された処方歴」を分析するようなことが実現するには、まだ時間を要するのが現状である[5]。わが国でもマイナンバー法が施行されているが、医療ではマイナンバーを用いることにはまだ法的制約が多い[6]。

3 医療経営と身近なビッグデータ

このように見ると、医療ビッグデータを活用する際の最低限の条件は、「複数の施設からのデータを集約可能な標準的データ構造にすること」といえる。これを条件とするならば、1つの病院だけでビッグデータを収集・蓄積し、それを医療経営に役立てることは困難なようにも見える。

しかし、まったく道がないわけではない。標準的なデータ構造という条件が満たされるのであれば、データを収集・蓄積する段階では1つの病院でも差し支えないからである。それを複数の病院で共有していくことができれば、ベンチマークは可能である。

現時点で期待できるのは、医療機器である。電子カルテシステムの場合はベンダーが多岐にわたり、しかも同一の製品であっても病院ごとにデータ構造が異なることはすでに述べた。しかし、医療機器の場合は、機種によってはメーカーが極めて少ないうえに、病院にとってデータ構造が異なることもない。つまり、データを蓄積する機能を有する医療機器は、自ずとビッグデータを蓄積する可能性があるということである。

例えば、離床センサーをナースコールに連動させ、それをPHSで対応する環境の場合、これだけで「複数の施設からのデータを集約可能な標準的データ構造にすること」の要件は満たしていることになる（図5-2）。離床センサーもPHSもナースコールに紐づくので、そのメーカー（わが国には主要なナースコールメーカーは2社しか存在しない）が、同一であれば容易に施設間比較できるからである。こうしたデータから、「離床センサーへの対応が遅くなる原因」などを分析する可能性も見えてくる。将来的に人員配置など医療経営に直結する議論にも活用できるだろう。

なお、RFID（電波を用いてRFタグのデータを非接触で読み書きするシステム）やGPSの普及に伴い、これらの技術を用いた病院職員の行動分析なども研究ベースでは頻繁に行

※4　高橋英孝：人間ドック健診ビッグデータに基づく高血圧のコントロール状況, 血圧 2015；22（2）：31-36.
※5　今井志乃ぶ：北欧におけるビッグデータの活用, 医薬品情報学 2014；16（2）：N29-N32.
※6　わが国では、マイナンバーとは別に「医療ID等」を付与することになっている。このため、出生や死亡といった戸籍情報と、保険診療の内容をどこまで紐づけできるかは今後の課題である。

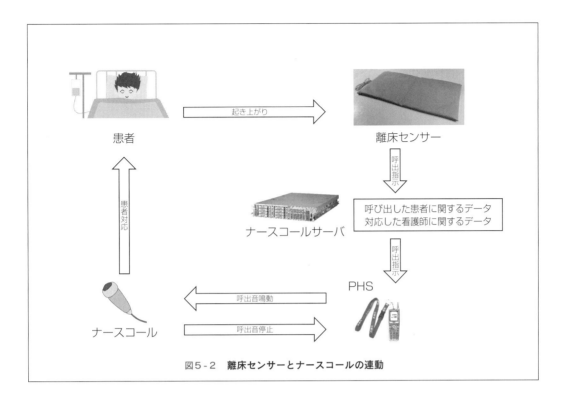

図5-2　離床センサーとナースコールの連動

われるようになった。このような技術は、職員の行動1つひとつがデータとして蓄積されるので、ビッグデータとして蓄積し、活用する道も増えている。しかしながら、これらを医療経営に用いるときには職員への配慮も必要だ。業務の一環として職員の行動履歴データを収集する場合、そこに職員の同意は必要ない（研究目的で利用する場合は二次利用になるので、連結不可能匿名化しない場合は本人の同意が必要になる）。とはいえ、日々の行動をITによって監視されているという状態は、職員のプライバシー上の懸念が根強い。よってコンプライアンスの観点から職員に十分に説明することが必要である[7]。医療の業務は専門性が高いので、そこには一定の裁量権が与えられていると解するのが一般的だからだ。したがって、技術の進展によってビッグデータの蓄積が容易になるとしても、目的に沿った範囲で、より適切なデータの収集・蓄積に努めることが重要である。

※7　瀬戸僚馬他：Society 5.0時代における看護師向け病棟デバイスの活用に関する提言．生体医工学2020；57（Anual）．

③ 人材・財務マネジメントへのICT活用

1　職務満足度と病院経営

　超高齢化による患者数の増大と病態の重篤化および少子化に伴う生産年齢人口の減少が進むなかで、どの病院も人材確保は経営に直結する課題である。医師確保については、バックアップ体制を整えつつ、考え方の一致する医師を招聘するための取り組みが重要である。看護師確保については、ワークライフバランスを図れる職場づくりを進めるとともに、給与体系についても考慮しなければならない。そして、理学療法士、作業療法士、言語聴覚士についても、確保が困難になることは予想される。このようななか、職務満足度は人材マネジメントの大きな柱になっている。

　職務満足度は、多様な要素で構成される。まずは、就業規則の改定や、等級制度・評価制度・給与制度などの人事制度を刷新することが第一歩である。

　次に、新たな勤務体系も考慮する必要がある。短時間正職員制度の導入、正職員への夜勤制限、時間単位年休やフレックスタイムなど柔軟な勤務体系は、これからの病院には不可欠である。もちろん、院内保育所などの子育て支援や、医療事故賠償責任保険の加入、業務改善提案制度の導入、学会・研修会出席の奨励なども有意義である。

　これらを支えるのも、ICTシステムの役割の1つである。具体的には、イントラネットなどを通じて組織内の情報を十分に周知し、さらに電子メールアドレスを全員に配布することで職員間に十分な情報共有を図るなどの方法がある。組織の透明化と効率化を図ることが、結果的に職務満足度の向上につながっているのである。

2　原価計算のためのICTシステム

　原価計算とは、もともとは製品1個当たりの製造に要する材料費、労務費などを明らかにする手続きをさす。しかし、病院の場合、製造しているのは医療や介護というサービスであるから、製造業よりも原価計算の難易度が格段に高くなる。例えば、栄養部門が提供する給食サービスは、食事介助を行う看護助手職員によって提供されている側面もある。このような技術的課題から原価計算を行っている病院はまだ少なく、それゆえ収益やコストに関する意識が乏しいのが、これまでの病院の課題だった。

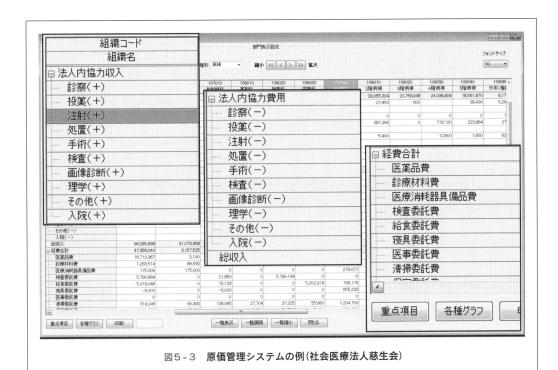

図5-3　原価管理システムの例（社会医療法人慈生会）

　原価計算を行うには、どのような経営指標を用いるかが大きな論点になる。また、専門分化した病院という組織のなかで、組織全体で取り組めるものでなければ効果を生むものにはならない。そこで病院に適した手法の1つに「京セラ式・病院原価管理手法」がある。これは「時間あたり付加価値」を求め、時間の尺度を軸に評価する点が特徴である。また、若年層を小部門の責任者に任命することが可能になるため、ボトムアップによる経営改善ができる点も利点である。

　このような評価を行う基盤としては、電子カルテをはじめとするICTシステムの活用が前提となる。例えば、投薬・注射・処置・検査・画像診断などの診療実績データは、オーダの実施入力に基づいて算出することになる。したがって、電子カルテシステムのない病院が原価計算を行うことは、かなり難しいといわざるを得ない。

　次に必要になるのは、按分ルールである。例えば、放射線科の収益を考える際に、画像検査料などの収入がある一方、そこにモダリティ（各種検査装置）の減価償却費や造影検査の介助を行う看護師の人件費など多様な支出を考えなければならない。手術を行う際にも、医師は他の部門・職種の手を借りなければならず、そこにかかわる収入や費用を「法人内協力収入」や「法人内協力費用」という形で一定のルール下で表現すると、院内すべての部門の収入・支出として検討することが可能になる（図5-3）。

　すると、職種や業務にかかわらず、病院のすべての組織において、収入や支出を意識し、付加価値を高めるように努力することになる。もちろん、「時間あたり付加価値」は重要だ

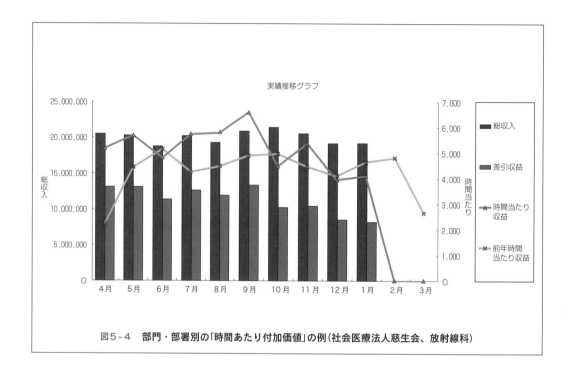

図5-4　部門・部署別の「時間あたり付加価値」の例（社会医療法人慈生会、放射線科）

が、これを通じて各部署が自主的に課題を設定し、解決に向けて取り組むことがさらに重要である。すなわち「時間あたり付加価値」に影響を与える主要指標（KPI：Key Performance Indicator）を明らかにするとともに、自部門のサービスの質向上、収入、経費、時間や、他部門と連携を図るべきことなどを考え、それを組織全体で共有することにこそ「京セラ式・病院原価管理手法」の大きな意義があるといえる（図5-4）。

このように時間の尺度を導入することで、人材の有効活用を図るために組織内での人的交流が活発化したり、職員一人ひとりに経営参画意識が芽生えるという大きな成果があることは、慈生会の事例からもすでに実証されている。

電子カルテシステムなどのICTシステムを、単に診療だけの目的で用いる時代はすでに過去のものとなった。これからの病院は、このような従業員一人ひとりの心をベースにした経営手法、すなわちアメーバ経営にICTシステムを活用していくべきである。

3 人材と財務の一体的なマネジメントに向けて

このように、人材マネジメントと財務マネジメントには、かなり強い関係性がみられる。いずれも経営システム（ICTシステムを含めた「仕組み」）の根幹であるから、両者を分けて考えることは、病院経営の一貫性を損なうことになる。したがって、ICTシステムにおいても、両者を結びつけて考えることが重要である（図5-5）。

ただし、原価計算という精緻な定義を要することを、経営理念や企業文化という大局的

なものだけで職員に示すことはできない。そこで、病院も経営哲学(フィロソフィー)を持つべきであり、そこから生まれる行動規範があってこそ、人事管理システムと有機的につながった原価計算手法を導入することが可能になる。

　明確なフィロソフィーを持たない病院が、管理的視点だけで人事管理システムや原価管理を導入すると、一人ひとりの自主的な取り組みを喚起することもなく、かえって職務満足度が下がるようなことにもなりかねない。

　しかし、京セラ式原価管理手法などを適切に用いて人材・財務マネジメントを行えば、職員の満足度も必ず向上するというのが、病院経営を担っている筆者の確信である(図5-6)。

---

column ⑤　ユニファイド・コミュニケーション

　ユニファイド・コミュニケーションとは、電話やメールなど複数の通信手段を統合することである。巷で広く普及しているLINEでは、トークというショートメッセージと音声通話・ビデオ通話を統合しており、文字で「今電話してもいいですか?」と確認してから音声通話を始めることができる。その延長線上にあるのが、ユニファイド・コミュニケーションであり、メールや電話の留守録システムなども統合している。

　もう1つ特徴となるのは「プレゼンス」という概念で、在席・不在・取り込み中などの状態のことである。このプレゼンス情報は予定表システムのデータやパソコンの操作状況から自動的に生成したり、利用者が手動で設定したりすることができる。送信者は事前にプレゼンスを知ることで「忙しいようなので電話でなくメールにしよう」というように適切な通信手段を選択できる。また「取り込み中」状態で電話が着信しても、まったく着信音を鳴らさずに留守録システムが応答し、録音した音声をメールに添付して送るようなシステムもある。

　医療現場では、電話の着信による業務の中断が業務効率の低下や医療安全上のリスクを招いており、ユニファイド・コミュニケーションの導入によって改善が期待できる。しかし、旧来の病院情報システムや院内PHSなどとの連携が遅れているため、外来診療や手術予定の情報、電子カルテ端末の操作記録などの情報をコミュニケーションの改善に活かせない状態が続いている。

　これに限らず、医療機関の外に目を転じると、Facebookに代表されるSNSの「いいね!」機能やGPSによる位置情報の利用など、役に立ちそうな技術革新が目白押しとなっており、わが国における医療者間コミュニケーションのIT化の遅れ(発展の余地)はますます大きなものになってきている。

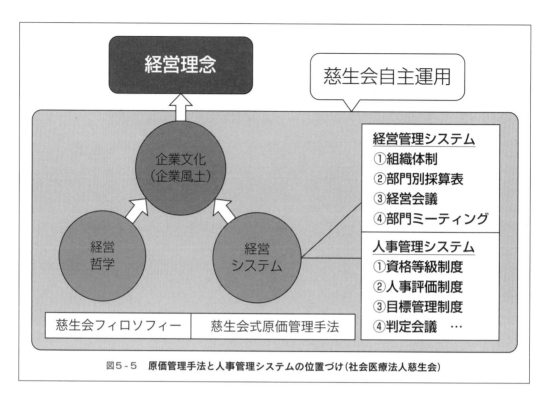

図5-5　原価管理手法と人事管理システムの位置づけ（社会医療法人慈生会）

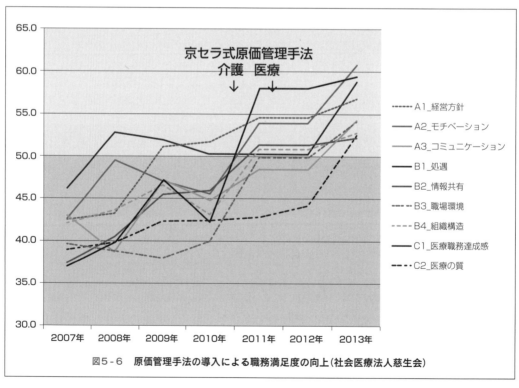

図5-6　原価管理手法の導入による職務満足度の向上（社会医療法人慈生会）

④ 医薬品マネジメントへのICT活用

1 医薬品管理のICT活用

　医薬品をマネジメントするためには、医療ICTの活用が必須である。本節では、医薬品マネジメントへのICT活用として、医薬品管理、医薬品の処方把握、後発医薬品の導入などに注目して述べていく。

　医薬品をマネジメントするためには、まず医薬品トレーサビリティ（履歴・追跡）を把握しなければならない。これは、病院内の薬剤部に医薬品がどれだけ納品されてきて、どれだけ払い出されたのかを管理することであり、医薬品マネジメントの基本といえる。

　現在、医薬品には「GS1データバー」が付記されているため、これを用いた医薬品管理が一般的となってきている。これまで、医薬品の管理には「JANコード」が繁用されてきた。しかし、「医療用医薬品へのバーコード表示の実施について」など[8~9]で、医薬品へのJANコードの表示が廃止となることが通知され、2015（平成27）年7月以降に製造販売会社から出荷される医療用医薬品については、JANコードを表示してはいけないこととされた（ただし、年1回しか製造していないものなど特段の事情があるものについては2016［平成28］年7月以降）。そして、それに替わるものが「GS1データバー」と呼ばれるバーコード（GS1コードと称されることが多い）である。JANコードは日本の標準バーコードであったのに対して、GS1データバーは国際標準のコード体系である[10]。

　図5-7は、ある輸液製剤の段ボール箱に表示されていたもので、3つのバーコードが表示されている。右側のJANと記されたものは、これまで繁用されていた13桁のJANコードである。JANコードには「○○製薬の△△という薬が100錠入っている」というような情報しか入っていない。左側のGS1-RSSと記したものがGS1データバーとなる。14桁の一次元バーコード（GS1データバー限定型）の上に、二次元バーコードが表示されている2階建て構造となっている。ここにはJANコードの内容に加えて、製造番号、使用期限なども含まれている。また、下部のGS1-128コードは主に段ボール箱に記されるバーコー

※8　厚生労働省医薬食品局安全対策課長通知「医療用医薬品へのバーコード表示の実施について」（薬食安発第0915001号、平成18年9月15日）

※9　厚生労働省医政局経済課長・医薬食品局安全対策課長連名通知「『医療用医薬品へのバーコード表示の実施要項』の一部改正について」（医政経発0629第1号・薬食安発0629第1号、平成24年6月29日）

※10　若林進：Q&A医薬情報部会, 東京都病院薬剤師会雑誌, Vol.64, No.2, 2015.

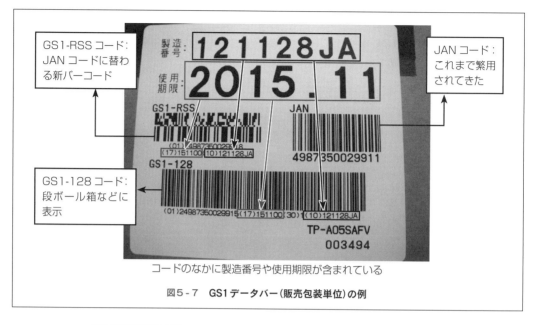

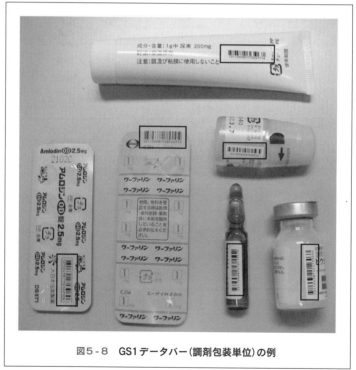

図5-7　GS1データバー（販売包装単位）の例

図5-8　GS1データバー（調剤包装単位）の例

ドで、GS1-RSSと同様に、製品コード、製造番号、使用期限などが含まれている。

　図5-8のように、GS1データバーは錠剤のPTPシートや注射薬のラベルなどの調剤包装単位にも表示されるようになっている。GS1データバーが採用された背景として、医薬品の取り違え事故の防止や、トレーサビリティの確保、医薬品の流通の効率化などが挙げ

られる。GS1 データバーが個々の医薬品の調剤包装単位に表示されるようになったことにより、調剤時や投薬時にこのバーコードを用いてチェックを行い、取り違いなどの医療事故防止につながると考えられる。

　ロット番号の管理が厳守される医薬品として、アルブミン、グロブリンなどの血漿分画製剤(特定生物由来製剤)が挙げられる。特定生物由来製剤を使用した患者は、製品名や製造番号を含む使用記録を20年間保管する必要がある。これらの製品には、図5-9のように変動情報(製造番号や使用期限)を含む2階建てのGS1 データバー合成シンボルが表示される。特定生物由来製剤の使用記録には、医薬品に付属しているロット番号を記載したシールによる管理が繁用されているが、今後はGS1 データバーを読み取って、使用ロットの管理記録に連動させることも可能となるだろう。

　図5-10は、医薬品在庫管理システムの一例である。例えば、注射薬を薬剤部から病棟へ払い出す際に、ハンディタイプのバーコードリーダーで、注射薬のGS1 データバーを読み取り、払い出し記録に連動させる。このようにして、医薬品のトレーサビリティを管理していく。

2　医薬品安全性情報のマネジメント

　多くの施設で、電子カルテシステムやオーダエントリシステムが導入されている。オーダエントリシステムのうち、医薬品がかかわってくるものとして、処方オーダ、注射オーダ、処置オーダなどが挙げられる。

　オーダエントリシステムが導入される以前は、医薬品から患者を特定することが困難であった。この医薬品を年間に何錠購入しているかの情報はあるのだが、それがどの診療科で何錠使用されたかを把握するためには、紙媒体の処方箋をめくって調べ直す必要があり、困難を期していた。

　例えば、ある医薬品について、重篤な副作用が多発したことが原因で緊急安全性情報(イエローレター)が発出された場合、処方された患者を調査して、患者の様態を把握することが必要となるが、すべて紙媒体の処方箋からは「この薬が処方された患者」を調べることは困難である。電子カルテシステムなどの医療ICTが導入された現在は、日々の処方オーダの情報がデータとして蓄積されているため、「この薬が処方された患者」をたやすく調べることができるようになっている。

　医薬品安全性情報のマネジメントの一例として、安全性速報(ブルーレター)「月経困難症治療剤ヤーズ配合錠による血栓症について」[※11]が発出された事例を挙げる。血栓症という重大な安全性速報が発出された場合、薬剤部ではヤーズ配合錠が処方された患者の情報を調査する。そして、実際に患者に影響が出ていないか調査し、万一出ていれば必要な対

※11　バイエル薬品株式会社：安全性速報「月経困難症治療剤ヤーズ配合錠による血栓症について」(2014年1月17日)

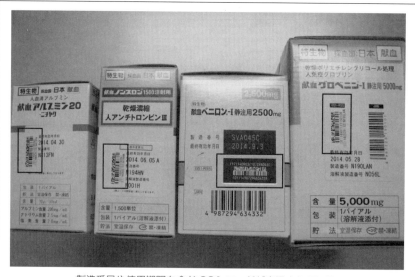

製造番号や使用期限を含むGS1コードが表示されている

図5-9　特定生物由来製剤のGS1データバー

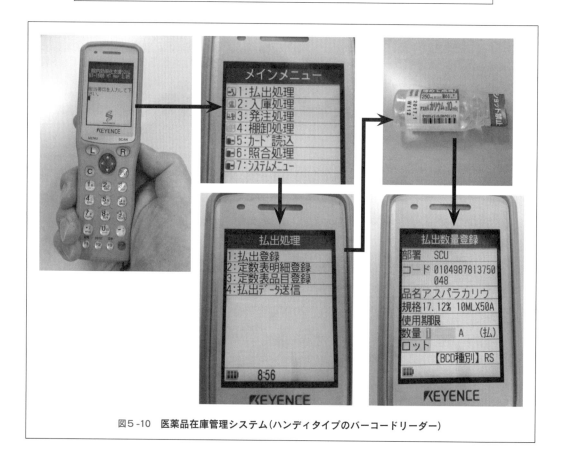

図5-10　医薬品在庫管理システム（ハンディタイプのバーコードリーダー）

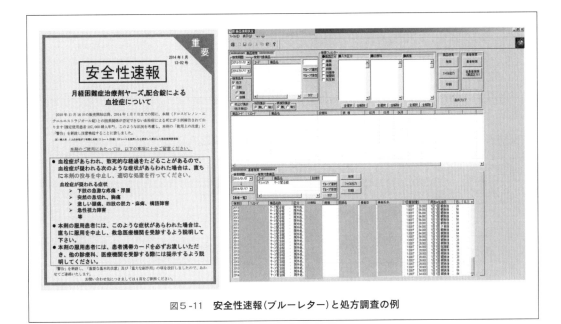

図5-11　安全性速報（ブルーレター）と処方調査の例

処をとることになる。

　図5-11は、医薬品の処方情報を調べることができるシステムの画面である。薬品名や期間を設定し検索すると、該当薬品の処方日、診療科、処方医、患者ID、患者氏名、用法、用量、投薬日数などが出力される。これをもとに、処方医に対して安全性速報が発出されたことを情報提供する。処方医は、電子カルテを再確認し、必要に応じて患者に連絡を取ることもある。

3　医薬品の処方情報とICT活用

　前項では、個々の患者情報の調査を行った事例を挙げたが、医薬品の使用量を統計的に調査することも、電子カルテシステムのような医療ICTを活用することによって可能となってきている。医薬品の使用量を調査しておくことは、薬剤費に関するマネジメントに活用することができる。

　例えば、高血圧治療薬（降圧薬）には、Ca拮抗薬、アンジオテンシンII受容体拮抗薬（ARB）、アンジオテンシン変換酵素（ACE）阻害薬、利尿薬、α-遮断薬、β-遮断薬などが汎用されている。調査時点での『高血圧治療ガイドライン2014（JSH 2014）』では、「最初に投与すべき降圧薬（第一選択薬）はCa拮抗薬、ARB、ACE阻害薬、利尿薬の中から選択する。降圧目標を達成するためには、多くの場合2、3剤の併用が必要となる」とされていた[12]。

※12　高血圧治療ガイドライン作成委員会編『高血圧治療ガイドライン2014』（日本高血圧学会、2014年）

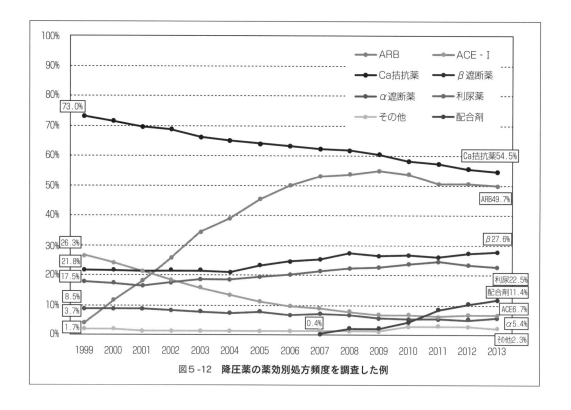

図5-12　降圧薬の薬効別処方頻度を調査した例

　図5-12は、降圧薬が処方された患者を100%としたときに、どの薬効が何パーセント処方されていたのかを年次ごとに調査した例である[13]。これによると、Ca拮抗薬が一番多く処方されているのだが、年次ごとに処方頻度が減ってきていることがわかる。ACE阻害薬は、過去に多く処方されていたが、近年は処方頻度が減ってきている。それに対して、ARBは処方頻度が急激に増え、現在は降圧薬が処方されている患者の約半数に対して、ARBが処方されていることがわかる。一般に、降圧薬のなかでARBはACE阻害薬よりも高額であるため、高額なARBの使用量増加が薬剤費の増加につながっている可能性がうかがえる。

　図5-13は、降圧薬が処方された患者が、降圧薬を何剤併用していたかを年次ごとに調査した例である。これによると、1999（平成11）年に1人当たりの降圧薬併用薬剤数は、1.621剤であったのに対して、2013（平成25）年には1.909剤と増えていることがわかる。医薬品を併用する数が増えるということは、医薬品の使用量が増加しているということであり、やはり薬剤費の増加につながっていることが推測できる。しかし、図5-13を見ると、医薬品の併用薬剤数は2009（平成21）年以降、ほぼ横ばいであることもわかる。これを図5-12と照らし合わせてみると、2007（平成19）年以降、配合剤が出現し、徐々に処

※13　若林進 他：降圧薬の処方実態調査からみた降圧薬配合剤による併用薬剤数の変化 第2報,日本医療薬学会年会講演要旨集 2014；(suppl 1)：262.

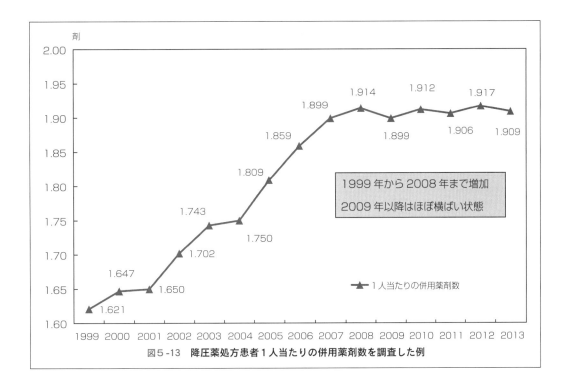

図5-13　降圧薬処方患者1人当たりの併用薬剤数を調査した例

方が伸びてきている[14]。

　配合剤は、ARBとCa拮抗薬の配合剤や、ARBと利尿薬の配合剤が2007年以降に発売されている。ARBも2009年以降は横ばい（もしくは減少傾向）であるため、ARBを処方されていた患者が配合剤へと移行しているのでは、と推測できる。

　配合剤のメリットは、2つの薬効を1剤として服用するため併用薬剤数も少なくなり、患者の服薬アドヒアランス[15]の上昇が期待できる。また、配合剤のほうが2剤を併用するときよりも安価であるため、経済的にも優れている。したがって、近年、併用薬剤数が徐々に増えてきていたのだが、配合剤の登場により、併用薬剤数の増加は食い止められている。配合剤は安価であるため、配合剤の処方頻度増加は、薬剤費削減の一助になっている可能性がある。

　本事例は、あくまでも推測に過ぎないが、医薬品の処方情報の他にもさまざまな手段を組み合わせて、薬剤費に関するマネジメントに取り組んでいくことが、必要である。

4　後発医薬品導入とICT活用

　前項で、薬剤費に関するマネジメントの事例を紹介したが、医薬品の購入費用の削減や、

※14　若林進：高血圧薬の配合剤について～疾患と最近の薬物療法 第4回, 都薬雑誌, Vol.34 No12（2012）.
※15　患者が自身の病気を受容し、積極的に治療方針の決定に参加して治療を受けること

医療費削減はどの医療機関でも大きな課題として挙げられている。わが国の医療費増加は深刻であり、厚生労働省は2013年4月に「後発医薬品のさらなる使用促進のためのロードマップ」[16]を策定した。また、2015年6月に閣議決定された「経済財政運営と改革の基本方針2015」[17]では、「後発医薬品に係る数量シェアの目標値については、2017年央に70％以上とするとともに、2018年度から2020年度末までの間のなるべく早い時期に80％以上とする。2017年央において、その時点の進捗評価を踏まえて、80％以上の目標の達成時期を具体的に決定する」とされた。後発医薬品（以下、後発品）の積極的な導入は各医療機関に求められていて、それに向けたマネジメントも必要となっている。

　ここでは、病院内で採用しているセフェム系抗生物質の注射剤（セフェム注射剤）を後発品に切り替えた際にICTを活用した例を挙げる[18]。先発医薬品（以下、先発品）のセフェム注射剤を切り替える際に、対応する後発品の発売がないなどの理由で切り替えることができず、引き続き採用する先発品が残るため、一部のみ後発品に切り替えを行ったのでは、導入後に残りの先発品の処方が増え、思うような導入効果が見込めないのではないかという懸念が生じた。具体的には、採用していたセフェム注射剤は12成分あったが、5成分を後発品に切り替えると、残る7成分の先発品の処方量が増えるのではないかとの問題である。そこで、後発品への切り替え前後のセフェム注射剤の使用実績調査を行った[19]。

　後発品への切り替えは2007年10月で、調査は、下記①～③について、薬剤部から各部門へのセフェム注射剤の払い出しデータをもとに実施した。
①切り替え前の5か月間である2007年5～9月（以下、切り替え前群）
②切り替え後の5か月間である2007年11月～2008（平成20）年3月（以下、切り替え後群）
③切り替え1年前の5か月間である2006（平成18）年11月～2007年3月（以下、1年前群）

　切り替え前群にセフェム注射剤は37,816g使用されていた。このうち後発品に切り替える対象となったものは20,940g（55.4％）であった。切り替え後群にセフェム注射剤は40,618.5g使用されていた。このうち後発品は24,208g（59.6％）であった。また1年前群にセフェム注射剤は38,253.5g使用されていて、うち切り替え対象となったものは22,172g（58.0％）であった。

　切り替え前後を比較すると、切り替え後群のほうが後発品のセフェム注射剤の割合が増えていた。また、同時期の1年前群と比べても切り替え後群のほうが後発品の割合が増えていることがわかった。したがって、後発品導入前に使用されていたセフェム注射剤が、後発品導入後も引き続き使用されていたことが確認できた（図5-14）。

　うまく切り替えることができたことに関して、2つのIT活用の理由が考えられる。1つ目は、注射オーダの薬品マスタの工夫により、後発品名を先発品名で薬品検索できるよ

※16　厚生労働省「後発医薬品のさらなる使用促進のためのロードマップ」（2013年4月5日）
※17　総務省「経済財政運営と改革の基本方針2015～経済再生なくして財政健全化なし～」（2015年6月30日）
※18　若林進：医療情報技師からみた後発医薬品；調剤と情報,Vol.19.No13（2013）,じほう.
※19　若林進 他：注射用セフェム系抗生物質製剤の後発医薬品切り替えによる使用実績調査,ジェネリック研究 2008；2（Suppl.）.

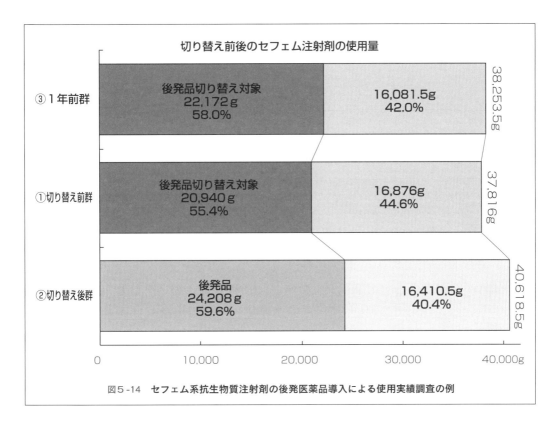

図5-14　セフェム系抗生物質注射剤の後発医薬品導入による使用実績調査の例

うにした（図5-15）。通常、先発品を後発品に切り替えると「探すことができない！」などの声が挙がってくるが、検索名称の工夫によって問い合わせを減らすことができる。2つ目は、こちらも薬品マスタの設定であるが、後発品名と先発品名とを並べて薬品名の表示を行った（図5-16）。これにより看護ワークシートに表示される薬品名についても先発品－後発品の対応が一目でわかるようになる。この2つの理由は、医療情報システムの工夫である。医療ICTがなかったら（電子カルテやオーダエントリシステムが導入されていなかったら）、このようにうまく切り替えることができなかっただろう。

5　今後の課題と展望

　医薬品マネジメントへのICT活用について述べてきたが、すでに多くの医療機関で、電子カルテシステム、オーダエントリシステムなどの医療ICTが導入されているのは間違いない。医療ICTでは、日々、医療情報が集積されるようになっているが、その医療情報を医薬品マネジメントとして活用できているだろうか。国民医療費の約20％が薬剤費であるといわれているが、その削減が求められている現在、医療ICTの活用が薬剤費削減へとつながっていくだろう。

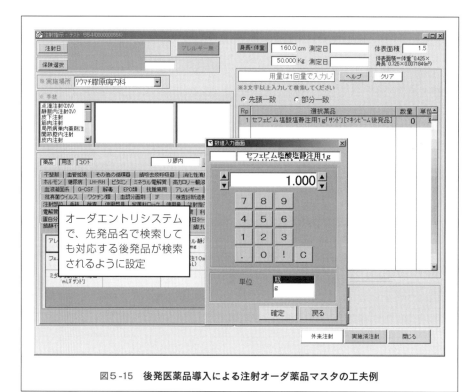

図5-15　後発医薬品導入による注射オーダ薬品マスタの工夫例

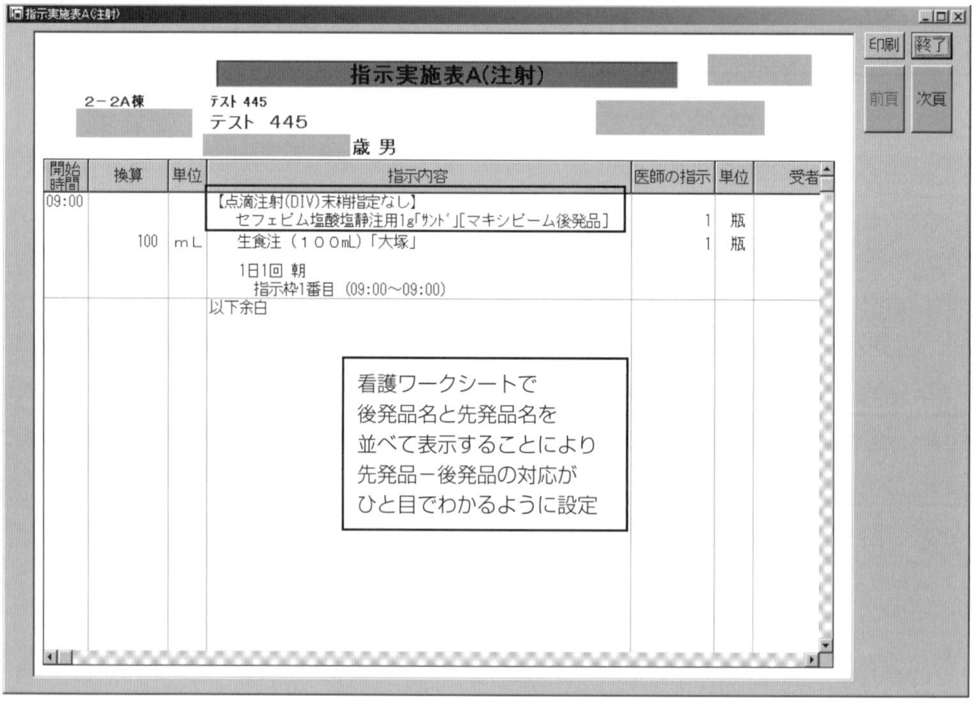

図5-16　後発医薬品導入による看護ワークシートの工夫例

column ⑥ ビジネスインテリジェンスを用いた地域戦略

　ビジネスインテリジェンス（BI：Business Intelligence）とは、「業務システム等から蓄積される膨大なデータを蓄積・分析・加工して、組織の意思決定に活用しようとする手法である。事実に基づくデータを組織的かつ系統的に蓄積・分類・検索・分析・加工して、業務上の各種の意思決定に有用な知見や洞察を生み出すという概念に基づく支援や予測が行える仕組み、活動。又は、そうした活動を支えるシステムやテクノロジ」のことをいう。その目的は「業務の遂行において必要な情報を自在に分析し、各種の業務向上等に活用すること」といわれている。

　これからの医療経営には、地域包括ケアの視点を欠くことができない。2014（平成26）年に施行された医療介護総合確保推進法の第1条では、「地域における創意工夫を生かしつつ、地域において効率的かつ質の高い医療提供体制を構築するとともに地域包括ケアシステムを構築することを通じ、地域における医療及び介護の総合的な確保を促進する措置を講じ」と明記されている。すなわち、地域の医療や介護に関する情報をいかに集約し、活用できる体制を整えるか、BIをどのように実践していくかが経営上の大きな課題であると同時に、地域医療を維持していくうえでの社会的要請

ICTの要件

◆高齢者・障害者単位で「地域ネットワークの構築と把握」が出来ること。
◆医療・介護の「基本情報の共有」が出来ること。
◆地域ネットワークでは「リアルタイムな連携」が可能なこと。
◆「連続した医療・介護の連携」が出来ること。〈補足〉緊急時も必要な医療サービスが連携出来る。移動者でも地域を超えた連携が出来ること。
◆高齢者・障害者から「要観察者を漏れなく検索」が出来ること。
◆自然災害時に備え、情報伝達方法・救護方法・予防措置などの「災害時要支援者情報の連携」が出来ること。

①地域ネットワークの構築と把握	②基本情報の共有
地域包括支援センター、居宅介護支援事業所、相談員など、市町村から委託された者が、高齢者・障害者を取り巻く社会資源を登録し共有する。 　地域ネットワークの社会資源とは、行政・主治医・ケアマネジャー・サービス提供責任者、家族・民生員・知人・銀行・宅配・コンビニ・商店街・老人クラブ・自治体・ボランティア・NPOなどを指す。 　社会資源への参加者は"情報提供者"、"情報利用者"の区別で登録する。	住居状況、緊急連絡先、自立状況、生活状況、既往歴、サービス利用状況、社会活動、健康状態、ADL・IADLなどが定期・随時に更新され、最新の状態で共有する。 　基本情報はマトリックス的に最低1年以上の状況の変化を把握する。 　基本情報は参加者が自らが個別に導入するソフトウェア等から、直接の情報提供も行う。また、他参加者から提供情報も同様に入手する。 　診療予約、検査・健診、介護サービス、ボランティアなどスケジュールの把握を行う。
③リアルタイムな連携	④連続した医療・介護の連携
地域ネットワークの参加者は、セキュリティが確保されたICTにて、高齢者・障害者の状況やサービス提供等の相談など、リアルタイムな連携を行う。 　自らが個別に導入するソフトウェア等への情報入手も行う。	地域ネットワークの参加者である医療機関は、診療に必要な情報（薬、検査結果、画像、各種文書）を相互にする。 　各種文書には介護事業所、健診センター、市町村からの提供文書も公開と参照を行う。
⑤要観察者を漏れなく検索	⑥災害時要支援者情報の連携
急速に増加する高齢者に対して、主治医の負担も同様に増加すると予測されるが、リアルタイムに要観察な高齢者・障害者を検索し、速やかな対応を行う。また、観察項目は対象者単位に設定できる。	参加者は、自ら対応が必要な災害時の要支援者を把握し、情報伝達方法・救護方法・予防措置などの役割を把握する。行政機関は一括してその状況を速やかに把握する。

新・地域包括ケアシステムの構築

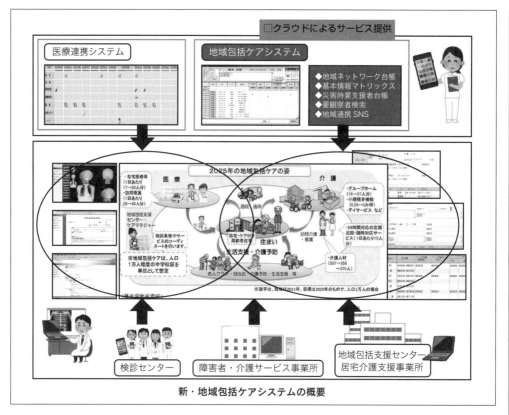

新・地域包括ケアシステムの概要

になっている。この観点に立って、ICTシステムを活用した新たな地域包括ケアシステムの在り方をつくり上げていかなければならない。

　まずは、高齢者・障害者単位で「地域ネットワークの構築と把握」ができることが必要である。地域ネットワークの社会資源とは、行政・主治医・ケアマネジャー・家族はもちろん、商店街やボランティアなどもさしている。これら地域ネットワークの参加者たちの連携により、高齢者・障害者の緊急連絡先、既往歴、サービス利用状況、ADL（Activities of Daily Living：日常生活動作）、IADL（Instrumental Activity of Daily Living：手段的日常生活動作）といった基本情報が定期・随時に更新され、最新の状態で共有することが期待できる。さらに、地域ネットワークの参加者は、セキュリティが確保されたICTシステムを用いて、高齢者や障害者の状況を把握したり、相談を受けたり、必要な支援をリアルタイムで行うことが可能となる。もちろん、診療に必要な情報（薬、検査結果、画像、各種文書）も、相互に交換できる。

　このようなBI環境が整うことで、要観察者を漏れなく検索できるようになる。急速に増加する高齢者に対して、主治医の負担も同様に増加すると予測されるが、リアルタイムに観察が必要な高齢者・障害者を検索できれば、速やかな対応も可能になる。特に災害時には、対応が必要な要支援者を把握できるし、行政機関もその状況を速やかに総括でき、効果的な救援・支援活動が期待される。

⑤ 「新しい日常」と 医療ICTシステム

1 DXと「新しい日常」

　今般の新型コロナウイルス感染症（COVID-19）の影響によって、生活や仕事の様式が大きく変化している。これを「新しい日常（New Normal）」と呼ぶこともあるが、これらの様式の変遷はCOVID-19が拡大する前から徐々に進んではいた。しかし、感染拡大を防ぐため否応なくオンラインを前提とした生活や仕事に置き換わり、文字どおり「日常」が大きく変わっていった。これらの変遷を感染拡大防止という視点で受け止めると、時代の変化を大きく見誤ることになる。そこで、既に進行していたDXの流れを概観しておく。

　DXとは「デジタル・トランスフォーメーション（Digital Transformation）の略である。経済産業省が策定した「DX 推進指標」によれば、「企業がビジネス環境の激しい変化に対応し、データとデジタル技術を活用して、顧客や社会のニーズを基に、製品やサービス、ビジネスモデルを変革するとともに、業務そのものや、組織、プロセス、企業文化・風土を変革し、競争上の優位性を確立すること」[20]とされている。もともとは、2004年にスウェーデンのストルターマン教授が提唱した概念で、そこでは生活すべての面を変えるものとも説明されている[21]。つまり、DXが意味しているのは、かなりドラスティックな改革である。

　似たような概念として、わが国では「Society 5.0」という言葉も用いられている。コンピュータを用いた情報社会はSociety4.0であり、サイバー空間とフィジカル空間を融合した「新しい社会」がSociety5.0である（図5-17）。まさにCOVID-19の影響によりフィジカル・ディスタンスを取ることを余儀なくされれば、生活の比重はサイバー空間に移ってくる。

　つまり、COVID-19の対応としての「新しい日常」と、AI（Artificial Intelligence：人工知能）やIoT（Internet of Things）が発達した結果としての「新しい社会」は、実は同じ方向を向いていることになる。感染拡大を契機に社会構造改革が一挙に進む以上、これが医療経営に影響を与えることもまた当然のことである。

※20　https://www.meti.go.jp/press/2019/07/20190731003/20190731003-1.pdf
※21　Erik Stolterman, Anna Croon Fors : Information Technology and the Good Life , Information Systems Research pp 687-692, 2004

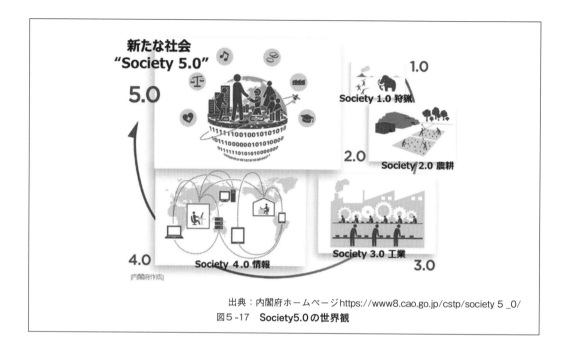

出典：内閣府ホームページhttps://www8.cao.go.jp/cstp/society 5 _0/
図5 -17　Society5.0の世界観

2　感染拡大を防止するためのICTシステム

　COVID-19による医療経営への悪影響を減らすには、まずは感染拡大の防止策を講じる必要がある。ひとたび院内でクラスターが発生すれば病院は通常の診療を継続することが困難になる一方で、これを完全に防ぐ方法が本テキスト執筆時点（2020年6月）では存在しないためである。この感染拡大防止策はヒト・モノ・カネ・ジョウホウといった経営資源を著しく要する経営判断であるから、感染制御に従事する医師や看護師等の意見を聞くことは当然としても、医療経営を担う立場での大局的な意思決定が欠かせない。

　例えば一部の業務をテレワークにするための環境構築をしたり、逆にテレワークを認めない場合に職場のコンピュータからテレワーク・システム（自宅から職場のコンピュータを遠隔操作する等の方法によりテレワークを支援するICTシステム）への接続を物理的に制限したり（図5 -18）、といった判断は、働き方の判断になる。よって、感染制御やICTシステムという技術的観点での意見を踏まえつつ、経営上の判断が発生する。

　同様に、COVID-19の患者が入院している区画（レッド・ゾーン）、これらの患者から十分な距離が確保された区画（グリーン・ゾーン）、その中間の区画（イエロー・ゾーン）での連絡を取るための通信システムや医療機器などを遠隔操作するシステムなど、感染制御に使用するICTシステムも急速に増えている。外来入口に設置して来院者のうち有熱者をスクリーニングするためのサーモグラフィ・システムなどは、そのサーモグラフィの監視を誰が行うかという人員配置の問題も生ずる。それだけに、限られた経営資源をどう組み合わせるかという判断が重要になる。

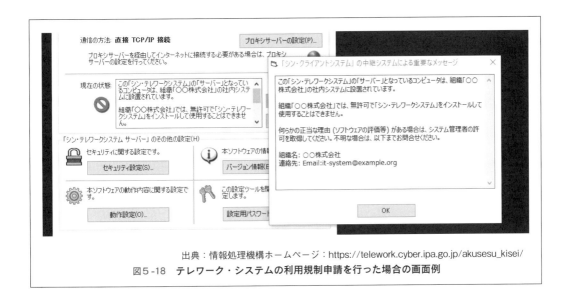

出典：情報処理機構ホームページ：https://telework.cyber.ipa.go.jp/akusesu_kisei/

図5-18 テレワーク・システムの利用規制申請を行った場合の画面例

3 オンライン診療と電話再診

　さらに「新しい日常」の中では、わが国における受療行動も変化しつつある。もともと日本は外来受診の回数が多い国であり、その多くは再診であるから、接触機会を減らす診療手段としては「電話再診」が第一の選択肢になる。

　電話再診とは、「当該保険医療機関で初診を受けた患者について、再診以後、当該患者又はその看護に当たっている者から直接又は間接（電話、テレビ画像等による場合を含む）に、治療上の意見を求められた場合に、必要な指示をしたときには、再診料を算定できる。なお、定期的な医学管理を前提として行われる場合は算定できない」という仕組みである。これを、COVID-19の感染拡大防止の一環として幅広く運用し、定期的な医学管理にも適用することとなった。この場合、処方せんは医療機関から調剤薬局にFAXし、後日原本を郵送する運用となっている。よって、患者はいつも通っている医療機関に電話するだけで再診を終えることができ、実際に患者が行くのは調剤薬局だけである。

　これに対し「オンライン診療」（図5-19）では、初診を対象とすることができる。本来のオンライン診療料は、「対面診療の原則のもとで、対面診療と、リアルタイムでの画像を介したコミュニケーション（ビデオ通話）が可能な情報通信機器を活用した診察を組み合わせた診療計画を作成し、当該計画に基づいて計画的なオンライン診察を行った場合に、患者1人につき月1回に限り算定できる」という仕組みである。よって当該診療計画に基づかない他の傷病に対する診察は対面診療で行うことが原則であり、オンライン診療料は算定できないこととされていた。つまり気管支喘息や糖尿病など長期にわたって療養を必要とする疾患を想定した制度なので、積極的に初診に用いるような位置づけではなかった。

　もっとも2019年時点の厚生労働省の「オンライン診療の適切な実施に関する指針」では、

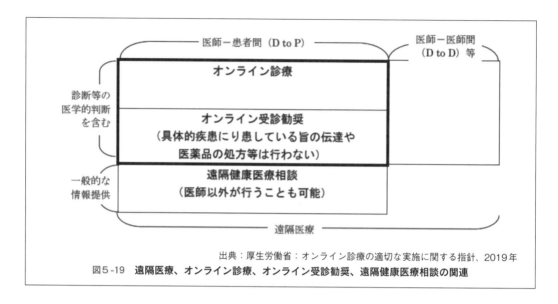

出典：厚生労働省：オンライン診療の適切な実施に関する指針、2019年

図5-19　**遠隔医療、オンライン診療、オンライン受診勧奨、遠隔健康医療相談の関連**

初診という場面そのものが、オンライン診療の対象から外されていたわけではない。そこで、今回のCOVID-19対応としては、初診であっても「当該医師が電話や情報通信機器を用いた診療により診断や処方が当該医師の責任の下で医学的に可能であると判断した範囲において、初診から電話や情報通信機器を用いた診療により診断や処方をして差し支えない」とされた。また、2回目以降の診察でも「これまでも処方されていた医薬品を処方することは事前に診療計画が作成されていない場合であっても差し支えない」さらには「発症が容易に予測される症状の変化に対して、これまで処方されていない医薬品の処方をしても差し支えない」などの弾力的な運用が認められるようになった[※22]。

　このような電話再診やオンライン診療の採用は、医療経営の視点で見てもインパクトが大きい。電話再診料やオンライン診療料という形で医業収入を得ることもその1つだが、さらには患者を医療機関につなぎ留めておく紐帯としての意味もある。他方で、電話再診やオンライン診療を行うためには、外来の業務フローを組み直す必要もある。誰が電話やインターネット経由で受診受付をするのか、そのような通信ツールを用いて医師と患者が接続できるようにするのか、処方情報をどのように調剤薬局に伝えるのか、そして患者の一部負担金をどのように徴収するのかなど、従来の医療機関があまり経験していない課題も1つひとつ解決していく必要がある。

　こうした受療行動の変化も、いまはまだ過渡期である。DXを視野に入れつつ、ICTシステムの導入を伴う試行錯誤を繰り返しながら「新しい日常」を構築していくことが今後の医療経営士の大きな役割になるだろう。

※22　2020.4.10厚生労働省医政局医事課、医薬・生活衛生局総務課発事務連絡「新型コロナウイルス感染症の拡大に際しての電話や情報通信機器を用いた診療等の時限的・特例的な取扱いについて」

確認問題

 このバーコードの規格はどれか。

(01)24987350029915(17)151100(30)1(10)121128JA

[選択肢]

① HL 7

② JAN

③ JLAC 10

④ GS 1 - 128

⑤ ICD- 9 -CM

確認問題

解答　解説

解答 1

④このバーコードを見ると、桁数が多く、製造番号や有効期限と
　思われる情報が含まれていることがわかる。

解説 1

①データ交換を行うための電文記述方法を定めた規格であり、バーコードの規
　格ではない。

②バーコードの規格だが、メーカーと商品名しか記述できない。

③臨床検査項目の規格であり、バーコードの規格ではない。

④選択肢のとおり。データ容量が多いバーコード規格なので、製造番号や有効
　期限を記載できる。

⑤アメリカで用いられている病名や医療行為の規格であり、バーコードの規格
　ではない。

確認問題

問題 2 オンライン診療料の説明で誤っているのはどれか。

[選択肢]

①対面診療が原則である。

②ビデオ通話が可能な情報通信機器を活用する。

③あらかじめ診療計画を作成することが原則である。

④看護師など医師以外の職種が伴う健康医療相談は算定できない。

⑤新型コロナウイルス感染症の診断に用いることが推奨されている。

解答 2

⑤

解説 2

2020年には新型コロナウイルス感染症（COVID-19）の影響による例外的対応として初診でオンライン診療を行うことも可能になったが、COVID-19そのものの診断は、対面で行うこととされている。

参考文献

第1章第1節

厚生労働省保健医療情報システム検討会「保健医療分野の情報化にむけてのグランドデザイン（最終提言）」
(http://www.mhlw.go.jp/shingi/0112/s1226-1a.html)

瀬戸僚馬：長期入院患者におけるカテーテル交換間隔の推計、日本医療マネジメント学会雑誌 2011；12(suppl 2)：359-359.

社会保険診療報酬支払基金ホームページ「電子レセプト請求状況(件数)年度別(医科)」

西山孝之 他：点数表の簡素化による電子レセプト普及策、医療情報学 2004；24(1)：215-222.

第1章第2節

厚生労働省「医療情報システムの安全管理に関するガイドライン 第4.2版(平成25年10月)」
(http://www.mhlw.go.jp/stf/shingi/0000026088.html)

日本医療情報学会「電子カルテの定義に関する日本医療情報学会の見解」
(http://jami.jp/citizen/doc/eKarte.pdf)

日本診療情報管理学会ホームページ「診療録記載指針(2007年1月)」
(http://www.jhim.jp/rinri/index_sisin.html)

医療情報標準化推進協議会ホームページ「『医療情報標準化指針』一覧」
(http://helics.umin.ac.jp/helicsStdList.html)

第1章第3節

保健医療福祉情報システム工業会「オーダリング電子カルテ導入調査報告 − 2013年調査(平成25年)」
(http://www.jahis.jp/members/data_list/data0204/)

日本医師会「医療従事者のための医療安全対策マニュアル(Web版)」
(https://www.med.or.jp/anzen/manual/pdf/jirei_01_01.pdf)

渡部恵：処方オーダリングシステムにおける入力ミスの防止法とその評価、薬剤雑誌 2002；122(10)：841-847.

第1章第4節

厚生労働省「医療費の内容の分かる領収書及び個別の診療報酬の算定項目の分かる明細
書の交付について」
(http://www.mhlw.go.jp/file/06-Seisakujouhou-12400000-Hokenkyoku/0000041286.
pdf)

第1章第5節

日本画像医療システム工業会ホームページ「DICOMの世界」
(http://www.jira-net.or.jp/dicom/dicom_data_02_01.html)

厚生労働省「診療録等の電子媒体による保存について」
(http://www1.mhlw.go.jp/houdou/1104/h0423-1_10.html)

医療情報システム開発センター「法令に保存義務が規定されている診療録及び診療諸記
録の電子媒体による保存に関するガイドライン」
(http://www.medis.or.jp/2_kaihatu/denshi/file/kaisetu_9910.pdf)

日本HL7協会ホームページ「HL7とは」
(http://www.hl7.jp/whatis/)

日本放射線技術学会監修『放射線システム情報学―医用画像情報の基礎と応用―』(オー
ム社、2010年)

日本放射線技術学会「画像情報の確定に関するガイドライン(第2.1版)」
(http://www.jsrt.or.jp/97mi/content/guideline/guideline_ver2.1.pdf)

日本医療情報学会「患者に渡す医用画像CDについての合意事項について」改訂版
(http://jami.jp/jamistd/tool_pdi2.html)

日本放射線技術学会「JJ1017 Ver3.3(2014)」
(http://www.jsrt.or.jp/97mi/)

厚生労働省「医療分野の情報化の推進について」
(http://www.mhlw.go.jp/stf/seisakunitsuite/bunya/kenkou_iryou/iryou_johoka/)

日本画像医療システム工業会「医用画像表示用モニタの品質管理に関するガイドライン」
(http://www.jart.jp/news/tclj8k0000000we0-att/JESRAX-0093-2010.pdf)

日本IHE協会ホームページ「放射線領域の統合プロファイル」
(http://www.ihe-j.org/basics/radiology/index.html)

守本京平、津久間秀彦:HISランニングコスト削減に対して医療情報技師は貢献でき
るか(総特集 HISのランニングコスト低減策を探る)--(削減のための具体的取り組みと
効果)、月刊新医療 2014-11;41(11):44-48、エム・イー振興協会:1975-

日本医療情報学会医療情報技師育成部会ホームページ
(https://www.jami.jp/hcit/HCIT_SITES/job.php?job=info/aisatsu.html)

日本医用画像情報専門技師共同認定育成機構ホームページ
(http://www.jami.jp/miis/soshiki_1.php)

第2章第1節

日本診療情報管理学会ホームページ「診療録記録指針（2007年1月）」
(http://www.jhim.jp/rinri/index_sisin.html)

Charles Safran et,al. Toward a National Framework for the Secondary Use of
Health Data: An American Medical Informatics Association White Paper. J Am
Med Inform Assoc. 2007 ; 14(1) : 1-9.

第2章第2節

中医協DPC評価分科会資料（平成26年4月18日）

中医協DPC評価分科会資料（平成23年2月9日）

第2章第5節

厚生労働省「平成27年度医療の質の評価・公表等推進事業の申請受付について」
(http://www.mhlw.go.jp/stf/seisakunitsuite/bunya/0000084126.html)

医療の質指標ポータルサイト
(http://quality-indicator.net/)

第3章第1節

阿曽沼元博：厚生労働科学研究費補助金医療技術評価総合研究事業「電子カルテシステ
ムが医療及び医療機関に与える効果及び影響に関する研究」平成15年度-16年度総合研
究報告書

ITコーディネータ協会「ITコーディネータ (ITC) プロセスガイドライン Ver.2.0（ダイ
ジェスト版）」
(http://www.itc.or.jp/about/ability/image/PGL_V2.0_digest_20141205.pdf)

関西医療情報技師会ホームページ「HIMBOKとは」
(http://jhit.jp/kansai/NetCommons/html/htdocs/?page_id=82)

第3章第2節

日本病院会ホームページ「診療情報管理士とは」
(https://www.jha-e.com/top/abouts/license)

日本医療情報学会医療情報技師育成部会ホームページ
(http://www.jami.jp/jadite/new/index.html)

The Knowledge-Creating Company: How Japanese Companies Create the Dynamics of Innovation Ikujiro Nonaka, Hirotaka Takeuchi Oxford Univ Pr 1995/5/18

日本医療情報学会医療情報技師育成部会『新版医療情報第2版 医療情報システム編』(篠原出版新社、2013年)

第3章第3節

情報処理推進機構ホームページ
(http://www.ipa.go.jp/security/manager/know/meaning/governance.html)

厚生労働省「医療情報システムの安全管理に関するガイドライン 4.2版(平成25年10月)」
(http://www.mhlw.go.jp/stf/shingi/0000026088.html)

日本医療情報学会医療情報技師育成部会ホームページ
(http://www.jami.jp/jadite/new/index.html)

第3章第4節

畑村洋太郎『未曾有と想定外―東日本大震災に学ぶ』(講談社、2011年)

第3章第5節

厚生労働省「病院におけるIT導入に関する評価系」
(http://www.mhlw.go.jp/shingi/2009/03/dl/s0301-5a.pdf)

医療の質指標ポータルサイト
(http://quality-indicator.net/)

松村泰志：1章 病院情報システム.現代電子情報通信選書『知識の森』医療情報システム(黒田知宏監修、電子情報通信学会編).東京：株式会社オーム社、2012：1-16.

阿曽沼元博：厚生労働科学研究費補助金医療技術評価総合研究事業「電子カルテシステムが医療及び医療機関に与える効果及び影響に関する研究」平成15年度-16年度総合研究報告書

第4章第1節

阿曽沼元博：厚生労働科学研究費補助金医療技術評価総合研究事業「電子カルテシステムが医療及び医療機関に与える効果及び影響に関する研究」平成15年度-16年度総合研究報告書

朝日新聞デジタル版：「医学部『地域枠』広まる　地元学生で医師不足解消を狙う」(2007年12月18日号)

首相官邸ホームページ「世界最先端IT国家創造宣言」
(https://www.kantei.go.jp/jp/singi/it2/kettei/pdf/20140624/siryou1.pdf)

厚生労働省『平成26年版厚生労働白書』(P.45)

第4章第2節

名和田新、大江和彦監修『これでわかる特定健診制度』(じほう、2008年)

社会保険診療報酬支払基金ホームページ「特定健診・特定保健指導」
(http://www.ssk.or.jp/yoshiki/yoshiki_09.html)

厚生労働省「第13回保険者による健診・保健指導等に関する検討会資料」
(http://www.mhlw.go.jp/stf/shingi2/0000066126.html)

内閣府大臣官房番号制度担当室「個人情報の保護に関する法律及び行政手続における特定の個人を識別するための番号の利用等に関する法律の一部を改正する法律案(概要)」
(https://www.kantei.go.jp/jp/singi/it2/senmon_bunka/number/dai8/siryou2.pdf)

第4章第3節

厚生労働省「地域医療構想策定ガイドライン」(P.16)
(http://www.mhlw.go.jp/file/06-Seisakujouhou-10800000-Iseikyoku/0000088510.pdf)

保健医療福祉情報システム工業会「JAHIS地域医療連携のためのIHE ITI適用ガイド」(P.6)
(http://www.jahis.jp/wp/wp-content/uploads/IHE_ITIguide13_101.pdf)

日本IHE協会編「地域医療連携情報システム構築ハンドブック 2011」(P.17)
(http://www.ihe-j.org/file2/material/IHE-XDS-Handbook-2011-Main.pdf)

第4章第4節

ケアマネジメント編集部：埼玉県所沢市「在宅療養のための多職種共有ノート」、ケアマネジメント 2012；23(5)：16-17.

厚生労働省「健康・医療・介護分野におけるICT化の推進について(概要版)」

(http://www.mhlw.go.jp/file/06-Seisakujouhou-12600000-Seisakutoukatsukan/0000042496.pdf)

平成24年度厚生労働科学特別研究事業「在宅医療介護連携を進めるための情報共有とICT活用」
(http://www.mhlw.go.jp/file/06-Seisakujouhou-12400000-Hokenkyoku/0000073807.pdf)

第4章第5節

総務省『情報通信白書平成24年版』(P.106)

日本版PHRを活用した新たな健康サービス研究会「個人が健康情報を管理・活用する時代に向けて」
(http://www.meti.go.jp/policy/service/files/phr_houkoku_honbun.pdf)

高度情報通信ネットワーク社会推進戦略本部(IT戦略本部)「『どこでもMY病院』構想の具体的なイメージ」
(https://www.kantei.go.jp/jp/singi/it2/iryoujyouhou/dai8/siryou5.pdf)

日本糖尿病学会、日本高血圧学会、日本動脈硬化学会、日本腎臓学会、日本医療情報学会：4疾病の「ミニマム項目セット」および「どこでもMY病院疾病記録セット」の策定(2015年12月改訂版)
(http://jami.jp/medicalFields/create-set.pdf)

第5章第2節

総務省『情報通信白書平成24年版』(P.143)

村田愛 他：自動麻酔記録システムpaperChartのビッグデータからひも解いたSpO₂低下症例の解析、麻酔と蘇生 2015；51(1-2)：7.

西山孝之：データ処理に適した電子レセプト、医療情報学 2013；33(1)：3-14.

高橋英孝：人間ドック健診ビッグデータに基づく高血圧のコントロール状況、血圧 2015；22(2)：31-36.

今井志乃ぶ：北欧におけるビッグデータの活用、医薬品情報学 2014；16(2)：N29-N32.

第5章第4節

厚生労働省医薬食品局安全対策課長通知「医療用医薬品へのバーコード表示の実施について」(薬食安発第0915001号、平成18年9月15日)

厚生労働省医政局経済課長・医薬食品局安全対策課長連名通知「『医療用医薬品へのバーコード表示の実施要項』の一部改正について」(医政発0629第1号・薬食安発0629第1号、

平成24年6月29日）

若林進：Q&A医薬情報部会、東京都病院薬剤師会雑誌、Vol.64、No.2、2015.

バイエル薬品株式会社：安全性速報「月経困難症治療剤ヤーズ配合錠による血栓症について」（2014年1月17日）

高血圧治療ガイドライン作成委員会編『高血圧治療ガイドライン2014』（日本高血圧学会、2014年）

若林進 他：降圧薬の処方実態調査からみた降圧薬配合剤による併用薬剤数の変化 第2報、日本医療薬学会年会講演要旨集 2014；（suppl 1）：262.

若林進：高血圧薬の配合剤について～疾患と最近の薬物療法 第4回、都薬雑誌、Vol.34 No12（2012）.

厚生労働省「後発医薬品のさらなる使用促進のためのロードマップ」（2013年4月5日）
（http://www.mhlw.go.jp/stf/houdou/2r9852000002z7fr-att/2r9852000002z7it.pdf）

総務省「経済財政運営と改革の基本方針2015～経済再生なくして財政健全化なし～」
（2015年6月30日）
（http://www5.cao.go.jp/keizai-shimon/kaigi/cabinet/2015/2015_basicpolicies_ja.pdf）

若林進：医療情報技師からみた後発医薬品、調剤と情報、Vol.19. No13（2013）、じほう.

若林進 他：注射用セフェム系抗生物質製剤の後発医薬品切り替えによる使用実績調査、ジェネリック研究 2008；2（Suppl.）.

索　引

[数字・アルファベット]

ASP（Application Service Provider）‥119

Basic Outcome Master ‥‥‥‥‥‥‥58

BCP（Business Continuity Planning）‥‥87

BPR（Business Process Re-engineering）
‥‥‥‥‥‥‥‥‥‥‥‥‥ 71, 106

DICOM（Digital Imaging and
Communication in Medicine）‥ 25, 117

Donabedian ‥‥‥‥‥‥‥‥‥‥‥61

DPC（Diagnosis Procedure Combination：
診断群分類）‥‥‥‥‥‥ 22, 46, 137

DX（Digital Transformation）
‥‥‥‥‥‥‥‥‥ 70, 71, 159, 162

EFファイル‥‥‥‥‥‥‥‥‥‥‥22

GS1-128コード ‥‥‥‥‥‥‥‥‥147

GS1データバー‥‥‥‥‥‥‥‥‥147

HIS（Hospital Information System）
‥‥‥‥‥‥‥‥‥ 7, 25, 29, 31, 32

HL7 CDA Release 2 ‥‥‥‥ 27, 110, 117

JANコード ‥‥‥‥‥‥‥‥‥‥147

LHS（Learning Health System）‥‥‥‥4

PACS（Picture Archiving and
Communication System）‥‥ 25, 30, 32,
94, 137

PHR（Personal Health Record）‥ 121, 123

RIS（Radiology Information System）
‥‥‥‥‥‥‥‥‥ 25, 29, 30, 32, 94

SaaS（Software as a Service）‥‥‥‥119

SECIモデル‥‥‥‥‥‥‥‥‥‥‥75

Society 5.0‥‥‥‥‥‥‥‥‥‥‥159

SPD（Supply Processing and
Distribution）システム ‥‥‥‥‥52

[あ]

按分ルール‥‥‥‥‥‥‥‥‥‥‥143

[い]

医事会計システム‥‥‥ 2, 5, 18, 50, 62, 94

一次予防‥‥‥‥‥‥‥‥ 104, 109, 124

一次利用‥‥‥‥‥‥‥‥ 11, 27, 40, 43

医療情報技師‥‥‥‥‥‥ 32, 70, 74, 79, 117

医療情報システム安全管理評価制度‥‥86

医療情報標準化推進協議会
（HELICS協議会）‥‥‥‥‥‥‥12

[う]

ウェアラブル端末‥‥‥‥‥‥‥‥108

[お]

オーダエントリシステム
‥‥‥‥ 2, 7, 8, 14, 29, 94, 104, 149, 155

[き]

技術的安全対策‥‥‥‥‥‥‥‥‥85

[く]

クリティカルパス・ライブラリー‥‥‥5

クリニカルパス・・・・・・・・・・・・・・・・ 50, 57

【け】

原価計算・・・・・・・・・・・・・・ 41, 50, 137, 142
健康・医療戦略・・・・・・・・・・・・・・・・・・107

【こ】

厚生労働省標準規格・・・・・ 12, 31, 109, 117

【さ】

三次予防・・・・・・・・・・・・・・・・ 104, 109, 111

【し】

事業継続計画（BCP：Business
　　Continuity Planning）・・・・・・・・・・・・・87
次世代医療基盤法・・・・・・・・・・・・・・・・・・44
情報セキュリティマネジメント・・・・・・・81
人的安全対策・・・・・・・・・・・・・・・・・・・・・84
診療情報管理士・・・・・・・・ 22, 78, 79, 84, 117

【す】

垂直統合した医業事業体・・・・・・・・・・・・134

【そ】

組織的安全管理対策・・・・・・・・・・・・・・・・83

【ち】

地域医療連携情報システム
　・・・・・・・・・・・・・・・・・ 104, 113, 123, 126
地域医療連携推進法人制度・・・・・・・・・・134

【て】

デジタル・トランスフォーメーション
　（DX：Digital Transformation）
　・・・・・・・・・・・・・・・ 70, 71, 159, 162
テレワーク・システム・・・・・・・・・・・・・・・160
電子カルテシステム・・・・・ 2, 4, 7, 14, 18, 23,
　29, 50, 54, 62, 70, 79, 82, 85, 104, 109,
　119, 123, 126, 136, 139, 143, 149, 151, 155
電子保存の3基準（原則）・・・・・ 2, 4, 9, 49
電子レセプト・・・・・・・・・・・・・・・・・ 25, 92
電話再診・・・・・・・・・・・・・・・・・・・・・・・161

【と】

特定健康診査（特定健診）・・・・ 50, 106, 108,
　　　　　　　　　　　　　　110, 124, 126
特定保健指導・・・・・・・・・・・・・ 106, 110, 112
特に職員個人が所有する端末（BYOD：
　Bring your own device）・・・・・・・・・・119
どこでもMY病院・・・・・・・・・・・・・・ 107, 125

【に】

二次予防・・・・・・・・・・・・・・・・・・・・・・・109
二次利用・・・・ 4, 10, 27, 31, 32, 40, 52, 54, 71,
　　　　　　　　　　　　　79, 134, 141
認定匿名加工医療情報作成事業者・・・・・・44

【ひ】

ビッグデータ・・・・・・・・・・・・・・・・・・・・138

病院情報システム（HIS：Hospital

Information System）… 4, 7, 11, 12, 17,

25, 30, 41, 55, 70, 83, 94, 104, 109, 114,

117, 123, 139, 145

[ふ]

物理的安全対策····················85

[ほ]

放射線情報システム（RIS：Radiology

Information System）······· 25, 29, 30,

32, 94

[ま]

マイナポータル···················127

[み]

ミニマムデータ項目················126

[ゆ]

ユニファイド・コミュニケーション···145

[り]

臨床検査項目コード（JLAC10）

···················· 110, 112, 117

編著者紹介

瀬戸　僚馬（せと・りょうま）

（監修、第1章第1節〜第3節、column①[p.12]、第2章第1節、第3章第1節、第3節、第4章第1節〜第5節、第5章第2節、第5節）

東京医療保健大学医療保健学部医療情報学科教授

国際医療福祉大学大学院医療福祉学研究科修了、博士（医療福祉経営学）。津久井赤十字病院（現・相模原赤十字病院）での臨床、杏林大学医学部付属病院での情報システム担当を経て、2009年に東京医療保健大学に入職。2020年から現職。第13回日本医療情報学会看護学術大会・大会長（2012年）、日本医療秘書学会第17回学術大会長（2020年）などを歴任。保健師・看護師・診療情報管理士・上級医療情報技師育成指導者。

高野　泰志（たかの・ひろし）

（第1章第4節）

医療法人社団あんしん会四谷メディカルキューブ経営管理部システム課課長

1999年、武蔵工業大学（現：東京都市大学）大学院工学研究科修士課程経営工学専攻修了。山洋電気株式会社、株式会社システム・クリエート・センター、社会医療法人ジャパンメディカルアライアンス東埼玉総合病院、社会医療法人さいたま市民医療センターを経て、2019年、医療法人社団あんしん会四谷メディカルキューブに入職。現在に至る。

守本　京平（もりもと・きょうへい）

（第1章第5節、column②[p.30]、column③[p.32]、第3章column④[p.79]）

県立広島病院放射線科

1992年、大阪物療専門学校（現・大阪物療大学）卒業。広島大学法学部卒業、保健衛生学士取得。国家公務員共済組合連合会呉共済病院、県立安芸津病院勤務を経て、2003年、県立広島病院放射線科に入職、医用画像情報システム管理・放射線治療業務を兼務して現在に至る。

松木　大作（まつき・だいさく）

（第2章第2節、第3節）

社会福祉法人恩賜財団大阪府済生会吹田病院事務次長兼がん診療推進室兼病歴管理室兼医事課

1984年、山口大学理学部化学科修了。エッセクス日本株式会社、医療法人清和会笹生病院、特定医療法人徳洲会松原徳洲会病院を経て、2001年、社会福祉法人恩賜財団大阪府済生会吹田病院に入職。2015年より事務次長、現在に至る。NPO法人日本DPC病院協議会政策提言部会DPC調査データ検討会委員、国際医療福祉大学大学院乃木坂スクール非常勤講師、NPO法人日本医師事務作業補

助研究会事務局等を歴任。

村杉　雅秀 (むらすぎ・まさひで)

(第2章第4節)
医療法人社団悠友会天正堂クリニック理事
1983年、埼玉医科大学卒業、東京女子医科大学外科学(第一)入局。胸部外科、呼吸器外科、内視鏡外科を中心とする臨床外科医。2005年よりクリニカルパス推進室兼務、2011年に医療記録管理室長(診療情報管理士取得)以降、病院機能・情報管理部運営部長、病院情報システム室長、院内がんセンターがん登録室長、さらに医療記録および診療報酬請求の制度向上を目的とする医療記録審査指導室長など臨床診療と情報管理の連携に尽力する。情報系学会は日本医療マネジメント学会、日本クリニカルパス学会、日本診療情報管理学会に所属。

山野辺　裕二 (やまのべ・ゆうじ)

(第2章第5節、第5章column⑥[p.157])
福岡輝栄会病院医療情報部長／形成外科部長
1986年、長崎大学医学部卒業。1991年、同大学院医学研究科(形成外科学専攻)修了。1999年長崎大学病院医療情報室副室長。2003年、米国マウントサイナイメディカルセンター医療情報学客員研究員。2005年、国立成育医療センター医療情報室長、2015年、恵寿総合病院情報部長・医療安全管理部長・形成外科長。2019年12月より現職。主な著書に『新IT 時代への提言2011－ソーシャル社会が日本を変える』(アスキー・メディアワークス)など。

成清　哲也 (なりきよ・てつや)

(第3章第2節、第4節)
広島国際大学健康科学部医療経営学科教授
東京医科歯科大学大学院修了。東京医科大学にて医療サービス部門、医療情報部門、経営企画部門を歴任し、2017年から現職。上級医療情報技師・診療情報管理士。

篠原　信夫 (しのはら・のぶお)

(第3章第5節)
国際医療福祉大学大学院准教授
早稲田大学大学院理工学研究科修士課程修了。2002年、東京大学医学部附属病院中央医療情報部助手、東京大学大学院医学系研究科クリニカルバイオインフォマティクス研究ユニットなどを経て、2008年、国際医療福祉大学大学院講師、2011年、准教授に就任。

伊藤　雅史（いとう・まさし）

（第5章第1節、第3節、column⑤[p.145]）

社会医療法人社団慈生会等潤病院理事長

1980年、東京医科歯科大学医学部医学科卒業。医学博士。東京医科歯科大学医学部第二外科入局、東京医科歯科大学医学部第二外科助手、講師を経て、2005年4月より東京医科歯科大学医学部臨床教授。2007年4月より現職、現在に至る。東京都病院協会常任理事、日本医療法人協会常務理事・東京都支部長、日本社会医療法人協議会理事、東京医科歯科大学医師会理事ほかを務める。

若林　進（わかばやし・すすむ）

（第5章第4節）

杏林大学医学部付属病院薬剤部

1993年、東邦大学薬学部卒業後、杏林大学医学部付属病院へ入職。1998年より医薬品情報室担当、2019年よりICU・OPE薬局兼任となり現在に至る。医薬品情報専門薬剤師、医療情報技師、医療薬学指導薬剤師、スポーツファーマシスト、レギュラトリーサイエンスエキスパート（PV分野）、東京薬科大学客員講師、東京都病院薬剤師理事、日本医薬品情報学会理事など。主な著書に『医療ICTシステム』（日本医療企画）、『医薬品情報学 第4版』（東京大学出版会）、『医薬品情報学 第2版』（化学同人）、『医療情報 第6版　医療情報システム編』（篠原出版新社）、『処方解析入門』『信頼される薬剤師の行動マナー』（いずれも薬ゼミ情報教育センター）、『糖尿病　あなたに合った治療（別冊NHKきょうの健康）』『心臓・血管の病気　診断と治療が詳しくわかる（別冊NHKきょうの健康）』（いずれもNHK出版）など。

NOTE

本書は、2016年3月12日発行の医療経営士テキスト・中級・一般講座・4巻『医療ITシステム──診療情報の戦略的活用と地域包括ケアの推進』を加筆・修正及び情報を更新し、改題したものです。

医療経営士●中級【一般講座】テキスト4［第2版］

医療ICTシステム──ヘルスデータの戦略的活用と地域包括ケアの推進

2020年8月7日　第2版第1刷発行

編　　著　瀬戸　僚馬
発 行 人　林　　諄
発 行 所　株式会社 日本医療企画
　　　　　〒104-0032　東京都中央区八丁堀3-20-5　S-GATE八丁堀
　　　　　TEL 03-3553-2861（代）　http://www.jmp.co.jp
　　　　　「医療経営士」専用ページ　http://www.jmp.co.jp/mm/
印 刷 所　図書印刷 株式会社

©RYOUMA SETO 2020, Printed in Japan
ISBN978-4-86439-916-6 C3034　　　　定価は表紙に表示しています
本書の全部または一部の複写・複製・転訳載等の一切を禁じます。これらの許諾については小社までご照会ください。

『医療経営士テキストシリーズ』全40巻

初　級・全8巻

（1）医療経営史──医療の起源から巨大病院の出現まで[第3版]
（2）日本の医療政策と地域医療システム──医療制度の基礎知識と最新動向[第4版]
（3）日本の医療関連法規──その歴史と基礎知識[第4版]
（4）病院の仕組み／各種団体、学会の成り立ち──内部構造と外部環境の基礎知識[第3版]
（5）診療科目の歴史と医療技術の進歩──医療の細分化による専門医の誕生、総合医・一般医の役割[第3版]
（6）日本の医療関連サービス──病院を取り巻く医療産業の状況[第3版]
（7）患者と医療サービス──患者視点の医療とは[第3版]
（8）医療倫理／臨床倫理──医療人としての基礎知識

中　級[一般講座]・全10巻

（1）医療経営概論──病院経営に必要な基本要素とは[第2版]
（2）経営理念・経営ビジョン／経営戦略──戦略を実行するための組織経営
（3）医療マーケティングと地域医療──患者を顧客としてとらえられるか
（4）医療ICTシステム──ヘルスデータの戦略的活用と地域包括ケアの推進[第2版]
（5）組織管理／組織改革──改革こそが経営だ！
（6）人的資源管理──ヒトは経営の根幹[第2版]
（7）事務管理／物品管理──コスト意識を持っているか？[第2版]
（8）病院会計──財務会計と管理会計
（9）病院ファイナンス──資金調達の手法と実務
（10）医療法務／医療の安全管理──訴訟になる前に知っておくべきこと[第2版]

中　級[専門講座]・全9巻

（1）診療報酬制度と医業収益──病院機能別に考察する戦略的経営[第5版]
（2）広報・広告／ブランディング──集患力をアップさせるために
（3）管理会計の体系的理解とその実践──原価計算の手法から原価情報の活用まで
（4）医療・介護の連携──これからの病院経営のスタイルは複合型[第4版]
（5）経営手法の進化と多様化──課題・問題解決力を身につけよう
（6）多職種連携とシステム科学──異界越境のすすめ
（7）業務改革──病院活性化のための効果的手法
（8）チーム医療と現場力──強い組織と人材をつくる病院風土改革
（9）医療サービスの多様化と実践──患者は何を求めているのか[第2版]

上　級・全13巻

（1）病院経営戦略論──経営手法の多様化と戦略実行にあたって
（2）バランスト・スコアカード──その理論と実践
（3）クリニカルパス／地域医療連携──医療資源の有効活用による医療の質向上と効率化
（4）医工連携──最新動向と将来展望
（5）医療ガバナンス──医療機関のガバナンス構築を目指して
（6）医療品質経営──患者中心医療の意義と方法論
（7）医療情報セキュリティマネジメントシステム（ISMS）
（8）医療事故とクライシスマネジメント──基本概念の理解から危機的状況の打開まで
（9）DPCによる戦略的病院経営──急性期病院経営に求められるDPC活用術
（10）経営形態──その種類と選択術
（11）医療コミュニケーション──医療従事者と患者の信頼関係構築
（12）保険外診療／附帯事業──自由診療と医療関連ビジネス
（13）介護経営──介護事業成功への道しるべ

※タイトル等は一部予告なく変更する可能性がございます。